智元微库
OPEN MIND

成 长 也 是 一 种 美 好

无畏沟通

能成事的协作指南

陈怡静 / 著

人民邮电出版社

北京

图书在版编目（CIP）数据

无畏沟通 : 能成事的协作指南 / 陈怡静著 .
北京 : 人民邮电出版社，2024. -- ISBN 978-7-115
-65262-1

Ⅰ . H019-49

中国国家版本馆 CIP 数据核字第 20247WJ716 号

◆ 　著　　陈怡静
　　责任编辑　王铎霖
　　责任印制　周昇亮
◆人民邮电出版社出版发行　　　　　　北京市丰台区成寿寺路 11 号
邮编 100164　　电子邮件 315@ptpress.com.cn
网址 https://www.ptpress.com.cn
天津千鹤文化传播有限公司印刷
◆开本：787×1092　1/32
印张：6.5　　　　　　　　　　　2024 年 10 月第 1 版
字数：130 千字　　　　　　　　　2024 年 10 月天津第 1 次印刷

定　价：49.80 元
读者服务热线：**（010）67630125**　印装质量热线：**（010）81055316**
反盗版热线：**（010）81055315**
广告经营许可证：京东市监广登字 20170147号

事业成功的关键在于人际关系，
而人际关系的质量取决于你是什么水平的沟通者。

———卡耐基

赞　誉

怡静曾与我共事几年，此书终于让我明白她当年"向上管理"我的方法论了，哈哈。

本书讲的是"职场沟通"，落地目标是"解决问题"，而底层能力是业务拆分能力、逻辑思考能力、组织沟通能力和情绪管理能力，很高兴看见她仅通过"沟通"这个单一线索，就能将上述能力串讲，让繁杂的概念变得非常易于理解。

本书内容紧紧围绕着"实战能力交付"这一目标展开，不但场景举例真实，而且每章都有内容小结、目标提炼、思考提升的模块，甚至还有进度条，适合当工具书使用。建议需要进行跨部门协作的朋友人手一本。

——果壳首席执行官，

未来光锥基金创始合伙人　姬十三

讲沟通的书有很多，我觉得怡静这本书的宝贵之处在于，她提供了非常贴合实际工作场景的沟通解决方案：跨部门协作、领导批评、争取资源、队友不给力、鼓舞小组士气、文档交接……

这本书让人明白，很多职场沟通表面是沟通问题，实际是业务问题；因此她并不是在教你如何高情商沟通，而是让你思考如何成为一个对业务有掌控力和推动力的职场人，以及在人际多方斡旋中，如何稳定好自己的内核和坐标系。

期待这本书能为更多职场人提供精神力量和解决方案！

——百万粉职场博主　姜 Dora

企业里的内耗往往源于上下级之间、部门与部门之间、高级管理者与经营者之间以及管理者之间对目标、策略和路径理解的不一致，沟通协作不充分。盲人摸象"既要、又要、还要"的现象不仅普遍困扰着职场人，也深度影响着企业的发展。在企业纷纷寻求高质量发展、降本增效，并出海参与国际竞争的过程中，如何提升"成事"的能力，是我们必须解答的题目。怡静的新书从丰富的沟通场景入手，既有高度的思考，也有实践的建议，助力每一位职场人"破卷"，期望这本书成为你的行动指南！

——万帮数字能源（星星充电）高级副总裁　王迪

程序员擅长和计算机打交道，而不擅长与人沟通，这在很大程度上阻碍了其在职场的发展和晋升，这本书通过沉浸式的设计、有趣的案例，帮助大家实现沟通上的跃迁，成就他人也成就自己，值得每一位程序员反复阅读。

——IBM 前系统架构师，公众号"码农翻身"

主理人，《码农翻身》作者　刘欣

推 荐 序

领英（LinkedIn）前全球副总裁、领英前中国区总裁 **陆坚**

　　我跟怡静第一次见面是在一个咖啡馆里。那时，我正筹划在领英中国组建一个产品运营和用户增长团队，想找一位既有激情又有实战经验的负责人。一位专家向我推荐了怡静。通常，收到外部推荐的候选人资料后，我会交给人力资源（HR），因为公司有一套成熟的候选人评估流程，但是对于这个职位，我决定亲自见一见候选人，做第一轮评估。这是因为，尽管那时领英在全球已经有几亿用户，总部却没有专门的产品运营团队，在HR系统里也没有设置产品运营岗位。我知道设置这样的新岗位和建立新团队必定要经历与总部不轻松的沟通，因此我想通过与候选人沟通来确认我的想法是靠谱的，并且候选人也是靠谱的，有开疆拓土和组建团队的能力。那天我跟怡静原本约了一小时，结果我们二人在咖啡馆聊了三个多小时。后来，在我和怡静成为同事后，我们还经常调侃那一次马拉松式的面谈。从那天起我知道：怡静是一位优秀的沟通者。

在职场中，优秀的沟通者通常具备两种素质：真诚和自信。真诚能在沟通中被对方直接感受到，并拉近双方的心理距离，让沟通更愉悦和顺畅。心理学研究表明，真诚和自信高度关联，可以形成一个强化的循环，真诚能够提升自信，而自信的提升使人敢于真实诚恳地表现和表达自己。我在跟怡静的第一次沟通中，就直接感受到了她的真诚和自信。一方面，基于过去的成功经验，她对做好产品运营充满了自信；另一方面，她对在一个跨国公司的架构下如何做好中国产品充满了好奇和疑虑，她真诚又直率地把问题抛给了我，结果是我们热烈地讨论了三个多小时。

跨国公司通常存在矩阵式的跨部门组织架构，一个管理者除了有直线汇报的下属，还有虚线汇报的下属，他们一般来自横向支持或协助部门，其工作范围和事项优先级不完全听命于虚线上级。在我跟怡静共事的四年多里，她先后建立和管理了多个复杂的、有虚线汇报关系的跨部门团队，并推动了一系列通过影响力来领导（Lead by influence）的行之有效的实践，比如"统一共同目标""利益共享、风险共担"，而这些成功的管理实践是以精湛的沟通技艺为支撑的。

我在中美两国的高科技行业从业30年，其中17年在美国，13年在中国。过往的工作经历，让我明显地感到职场沟通是职场中有待提升的方面，包括公司与员工之间的沟通、上下级之间的沟通，以及员工与员工之间的沟通。我观察到在社交媒体上经常有关于"职场PUA"[1]的讨论，很多职场人认为这是职场上普遍存在的现象。不容否认，职场上存在心理操纵、霸凌和虐待等恶劣的行为，同时"职场PUA"引起的广泛讨论也反映了在职场中存在的一些相互不信任甚至对立的情况。这个问题或许可以通过沟通来改善和化解，下面是一个有趣的案例。

两年前，领英中国管理团队做了一次MBTI[2]职业性格集体测试和培训，目的是增进管理团队成员之间对性格的相互了解，从而在工作中加强配合。测试结束后，培训师按照MBTI职业性格测试结果将我们分成三组，并宣布：公司决定派你们去迪拜开拓中东市场，1个月后你们将到迪拜的新公司报到，请各组讨论和汇集每个人想到的问题和准备做的事情。我们第一组的成员

---

[1]　指职场中上级对下级的精神控制。——编者注
[2]　迈尔斯-布里格斯类型指标，一种人格类型理论模型。——编者注

都非常激动和亢奋，觉得外派迪拜不仅是一个职业发展的契机，还是体验不同生活方式的好时机。第二组的成员则谨慎很多，对搬到迪拜后可能面临的不确定性感到焦虑，担心的问题包括住房和孩子教育，等等。第三组的成员是最悲观的，听到公司决定后的第一反应是："这是什么意思，公司是要变相裁员吗？"这个组汇集的行动计划都是如何抗争、拒绝被外派到迪拜的安排等。

后来我们三个组交换了各自的想法和计划后都笑了。面对同样的工作安排，不同的人竟然会有如此不同的情绪反应和想法。这个培训展示了在职场环境中有效沟通的重要性和一些值得思考的问题。作为公司管理层，如何有效地与员工沟通公司的决定和工作安排，特别是考虑到不同员工在职业性格和思维方式上的差异？作为员工，如何避免对公司和上级的决策做出过度反应，特别是在质疑和预设管理层动机的情况下？最终的结论是双方都需要更好地沟通。

怡静的这本书就是讲职场沟通的。跟其他同类图书不同的是，这本书没有系统地传授职场沟通的理论和技巧，而是通过作者丰富的第一手经验把职场沟通场景化。从这个角度看，这本书更像是一份应用于不同职场沟通场景的实践指南，包括针对上级的"向上沟通"，面向同事和合作伙伴的"平层沟通"，以及针对下属和团队的"向下沟通"。

"又要去找同事要资源，要支持了，我每次都很发愁，姿态低了不行，姿态高了更不行，到底怎样做才能打动对方啊！世界上有没有无须求人的工作？争取别人的配合和支持真的好难！"

上面这段描述来自书中的一个场景。它让我想起了很多年前我作为一名软件开发工程师参与一个多部门协作项目时的烦恼和纠结。我忘了当时自己是怎么迈过那个坎的，如果那时有怡静这本书就好了。我相信，在不同发展阶段的职场人，都能在这本书里找到自己经历过或将会经历的职场沟通场景。

最后，读者可能关心的一个问题是，在人工智能（AI）降临的时代，每个人必将花更多时间与 AI 互动和协作，职场中的人际沟通还会那么重要吗？我直接问了 ChatGPT 这个问题，下面是它的回答。

在人工智能时代，职场中的人际沟通会变得越来越重要，原因有以下几点。

1. 情商：人工智能可以处理数据和自动化任务，但它无法满足人类在情感和社交层面上的需求。有效的人际沟通涉及同理心、情商及建立和维持关系的能力，这对维持团队凝聚力和保证士气至关重要。

2. 解决冲突：误解和冲突在任何职场环境中都是不可避免的。这些误解和冲突可以通过谈判、同理心和相互理解来解决，人际沟通在这一过程中至关重要。

3. 创新和创造力：人际沟通营造了一个协作的环境，在这个环境中，创新思想和创造性解决方案可以蓬勃发展。虽然人工智能可以支持创造力，但是无法取代人类在生成和培育新概念中的作用。

你看，连 AI 都认为人际沟通在职场中的独特价值是不可取代的！无论是与同事的合作，还是与客户的交流，优秀的沟通能力都能使我们更好地理解他人的需求，建立信任，解决问题，推动创新。

希望这本书能帮助你在职场中成为一名卓越的沟通者！

前　言

近几年，随着 AI 的迅速发展，大家问得最多的一个问题恐怕就是："自己该如何保持竞争力？"换个问题，有哪些技能是不会被 AI 取代的？

虽然每个人的答案不同，但总结下来，无非就是那些涉及人类独有的情感、创造性、道德判断和人际互动的技能无法被取代。如果把场景限定在工作中，我们就会发现，和写稿、绘图、编程这些"硬技能"相比，沟通协作这类职场"软技能"是很难被 AI 替代的。

这就是这本书想要为你解决的问题。如果说，在"前 AI 时代"，沟通能力只是众多值得学习的职场技能之一，那么在 AI 时代，提升自己的沟通能力就是最具确定性回报的自我投资了。

不过，从开始策划这本书时，就有许多人跟我说："我可不想再学什么职场技能了，躺平不香吗？""活多钱少离家远，没有心力再卖命工作了。"

但你可能也观察到了，绝大多数人其实是很难躺平的。一方面是客观的经济条件不一定允许，另一方面"勤劳致富"早就写在了我们的脑海里。在这两方面因素的驱动下，很少有人能做到绝对躺平。

相信选择翻开这本书的你，可能并不想躺平，而是希望自己找到方法，获得更好的发展。因此，在你正式读这本书之前，我想先郑重地感谢你没有选择放弃努力，也希望你能拍一拍自己的肩膀，感谢自己选择了不断成长。

这本书能给你带来的帮助，就是在这个不确定的时代，掌握确定被需要的技能——沟通。

那么，沟通这道题到底要怎么解呢？

传授语言技巧，这有用，但不完全有用。毕竟工作中的沟通问题并不都能靠"会说话"解决。有些书认识到了这一点，通过让人了解人的性格特点，达成沟通的效果。虽然这对一锤子买卖或许有用，但职场不是菜市场，"信用"的价值总是比你想的更高。我要讲的沟通，是希望帮助更多人在沟通中真正建立互信，实现共赢。"把朋友搞得多多的，敌人搞得少少的。"

你可能会觉得这过于理想化了："公司和我只是雇

用关系,一手交钱,一手交时间。怎么还能和同事、领导互相信赖,实现共赢呢?"

这并不是我一厢情愿的理想化想象,我确实经历过,并且做到过。比如,多年的工作经历让我发现,企业与个体是可以建立互信关系的。由这种互信关系产生的团队自驱力能促使多方实现共赢。

一些了解我经历的朋友也曾问我:"是不是你的运气特别好,总能遇到好上司、好同事?"我的运气是不差,一毕业就进了互联网大厂,工作1年多就升职做了经理,开始做管理工作;离开大公司一心想创业,加入的创业公司就做出了现象级的爆款产品,42天获得1000万用户,我也从一名没有任何头衔的运营人员做到了管理几个部门的副总裁;后来,我离开创业公司到了外资企业,工作内容从负责运营发展到推动整体产品变革,我也被同事戏称为"跨国公司里最野的女子"。由于沟通协作能力强,领导夸赞我即使不依赖头衔,也能以自身的领导力影响身边的人一起做事。

可我自己知道,谁都不是一开始就能开启"成功模式"的。我也曾身处缺乏信任的关系和工作环境中,感受过空有一身武艺却施展不开的难;也曾很害怕那些不做决策的上司和推卸责任的队友。在跌跌撞撞中经历了成长，我才让自己"上有全力支持的好上司，下有主动能干的好下属，身边都是好帮手"。

因此，我相信这么一个道理：一个人在某件事情上取得了好结果，可能是运气好；但如果他在每件事情上都取得了好结果，这意味着他要么做对了选择，要么掌握了方法。而我的每一份工作，最终都让我收获了一群好伙伴，因此，我要自信地告诉你：这就是一种能力，并且只要使用了合适的方法，你也能够做到。

这种能力，或者说解开沟通这道题的工具，就是两个字——组织。

组织之于沟通意味着什么呢？你或许也有过这样的感受：在一个内耗型组织里，即便是沟通技巧纯熟的高级管理者也会感到处处掣肘；在一个互信型组织里，大家互助协作，为共同目标努力，内向腼腆的新人沟通起工作来也会相对顺畅。与生活中目的复杂的沟通相比，组织构建了一种通用系统框架，既框定了交流磁场的范围，也赋予了员工共同目的。在这个范围内，一旦共同理性增加，对个体技巧的要求就降低了。组织，也给了"沟通"这个原本充满"主观感受"的个体动作，以"理性客观"的引导空间。

因此我们的目的就是在组织的范围内，学习怎样增加共同理性，而不是学习更多关于钻营的沟通技巧，然后发现身边的每个人都戴着面具。

　　具体内容我会在书中一点点展开。请你相信，无论你是管理者还是打工人，一旦学会从更高维度看待和处理工作中的沟通协作问题，就都能为一个人人都想拥有的互信型组织添砖加瓦。

　　那这本书具体会怎么讲呢？

　　在讲具体的沟通问题之前，我会先用两章的篇幅介绍组织的本质到底是什么，我们和组织的关系是什么。所有关于工作的沟通都是发生在组织里的，如果不能清晰地认识组织的运行逻辑，哪怕是个情商很高、很会说话的人，在遇到组织目标设置不清晰这类问题时，也会觉得沟通是一件很累的事情，他甚至会觉得组织里没有人跟自己站在一起，全世界都在跟自己作对。

　　打好对组织的认知基础之后，我们就正式进入"解题"的部分。在这部分，我会用三章的篇幅来解决沟通的问题。沟通的大前提是目标与共识。这不是指我们某次沟通要达成的目标与共识（虽然这也很重要），而是某项工作的目标与共识。因为当工作目标不一致，缺少共识时，再怎么沟通，不同人的想法也会南辕北辙，无法达成一致。

弄清楚沟通的大前提后，我们再来讲沟通的对象。我们要判断对方有着怎样的沟通风格和做事风格，并且据此采取不同的沟通方式。比如，虽然在工作中，大家都默认互相要讲道理，不带着情绪工作。但当你想给一个人提意见，而对方又有高敏感型人格时，你就得先解决可能出现的情绪问题，再讲道理。至于我们自己呢，每个人都有自己的局限，在沟通上也不例外。在讲完沟通的对象之后，我们会再用一章来"照照镜子"，拆解自己可能出现的沟通问题。

当我们弄清楚沟通的前提，能认清沟通对象的差异和需求，又能跳出自己的视角来思考，回归共识、通力协作时，就会发现自己不仅在沟通时更加顺畅，也能慢慢地为建立一个互信型组织添砖加瓦。

虽然讲到这里，沟通这道题算是解开了，但在本书的最后两章，我还想针对沟通中的"心"，介绍怎么用更主动的心态，完成沟通上的跃迁。你会发现，原来我们可以通过成就他人来成就自己。

我想通过这本书，为你打造一个关于沟通的新剧本。可能你现在仍然受困于工作中的种种沟通问题，比如，明明不是自己的问题，但总是被指责，不知道怎么辩解；工作很努力，但上司总是看不到你的付出和成绩；想推进的工作推不动，跨部门协作困难重重……这些都是关于沟通的"旧脚本"，我希望通过阅读本书，以及在工作中不断实践，你能拿到一个关于沟通的新脚本。这个新脚本能让你拥有"不依赖头衔的领导力"，让你的努力和成绩被上司和公司看见。

因此，对于书中的每一章，我都在形式上做了一些设计，目的就是让你更有沉浸感。你可以让自己沉浸在书中，一章一章地完成脚本升级。在每一章开始之前，会有本章升级目标和你现在对一些沟通问题可能存在的固有认知；在每一章结束之后，会有升级后的收获，你还会被邀请对固有认知进行反思，并被提示认知升级进度。

通过各种内容和形式的设计，我希望读完这本书的你，不仅能更懂沟通，更懂组织，也能为自己的工作打开新的局面。

目　录

沟通的脚本

本章升级目标：底层系统升级

升级前

× 公司就是个草台班子，上班"带薪摸鱼"才不亏。

× 职场要义就是努力。

引　言

———

传说中，在远古时代，人类团结一心，试图共同建造一座高耸入云的巨塔，以此直达天际。这座塔便是巴别塔。然而，上天对此极为不悦，认为人类此举是对自己权威的挑战，是对神圣界限的僭越。

于是，他决定降下惩罚。他打乱了人类的语言，使原本统一的语言变得纷繁杂乱。由于语言不通，人们无法再像以前那样顺畅地沟通与合作，建造巴别塔的工作也因此停滞。这座原本雄伟壮观的建筑，最终成了一座废墟。

这个故事常常被用于说明沟通的重要性及人与人之间沟通之难。但沟通中的许多误解、矛盾不光来源于语言。在工作中，大家说的明明都是一样的语言，为什么还常常沟通不顺畅呢？我们又该怎么解决这些沟通问题？在本书的第一章，我们就先从"沟通"这个看似有点大的话题入手，为我们后面的讨论打下基础。

第 一 节　　　　　　　沟通问题能靠自己
　　　　　　　　　　　　解决吗

————

在工作中，我们总是会遇到各种难题和挑战，其中有不少都与沟通有关。

- 跨部门协作时，得不到同事的支持，没有足够的资源可以调动；
- 总是被领导安排很多工作，被巨大的工作量压得喘不上气，但又不知道怎么拒绝；
- 开会时不敢表达，或者努力表达了发现不得要领，被批评或者被误解；

  ......

在一个沟通不顺畅的环境里，普通打工人可能会有这样的感受：内耗、缺乏信任、说话做事小心翼翼。其实，沟通问题也同样困扰着很多管理者。有一次，我作为顾问参加一个企业年度战略经营会，会议的一个主题是降本增效。在会上，大家就生产成本、人力成本一一讨论，其中一位管理者提出："我觉得，沟通成本也是成本。目前我感觉公司有很多协作沟通问题。不知道这个在不在今天的讨论范围之内？"

其实，沟通是企业最大的一个隐性成本。沟通不畅、协作不好，会影响企业的效率和收益。比如，因沟通问题而浪费的产品研发资源，因研发进度延误而错过的市场时机，最终都会让企业付出真金白银的代价。

那么沟通问题为什么这么难解决呢？

有一部分原因其实是人与人之间本身就很难互相理解，毕竟每个人的经历、背景各不相同，性格、表达方式也有差异，甚至有时候嘴上说的也并不是心里想的，人与人之间想顺畅沟通需要付出很大的努力。

在《三体》中就有这样一个情节，来自外星文明的三体人在最初接触人类文明时，很难理解"想"和"说"这两个字的意思。他们一开始以为"想"和"说"的意思相同，但后来才发现，这两个字的意思并不相同。三体人没有交流器官，他们的大脑可以发出电磁波，把思维向外界显示出来，这样就实现了交流。对三体人来说，"想"就是"说"，"说"就是"想"。简单来说，三体人的思维像一条全透明鱼缸里的鱼，完全暴露在他人眼中。他们不会说谎，也没办法说谎。在三体人看来，思维的直接显示，才是效率更高的交流方式。

故事虽然是虚构的，但恰恰点出了我们在沟通时的一大难点：人心难懂。因为人心难懂，我们又忍不住想去懂，所以在遇到沟通问题的时候，我们总是着眼于对方："他为什么这么说""她怎么这么讲话"。我们常常生气内耗，却拿对方和当下的情况束手无策。在工作中总是觉得自己不是遇到不配合的队友就是碰见不给力[1]的上司，于是索性逃避式地躺平，眼不见，心不烦。

我将以上这些情形称作沟通上的"旧脚本"。"脚本"一词源于戏剧，在计算机行业也指依据一定的格式编写的可执行文件。而我所讲的关于沟通的"脚本"也决定了我们在沟通时选取的方式方法和达到的结果。我希望在本书中，我们能够一起试着跳出之前的"旧脚本"，去看看升级后的"新脚本"。在新脚本引导的世界里，人和人有了冲突后也是能高效沟通的，团队是互信的，工作是有意义的。人虽然形形色色，但在组织里却能求同存异，进而产生一种叫作凝聚力的东西。而能够

---

[1] 网络用语，一般表示有帮助、有作用。——编者注

运行这个升维沟通"新脚本"的你，会成为别人眼中具有领导力的人，从而有更好的发展。

那怎么才能运行"新脚本"呢？要运行"新脚本"，有两个前置条件。

第一个前置条件是了解自己。山本耀司说，"自己"这个东西往往是看不见的，你要撞上一些别的什么东西，反弹回来，才会了解"自己"。遇到沟通问题的时候，往往是我们了解自己的好时机。

第二个前置条件是理解组织，这一点会在下一节详细介绍。

我想此刻打开这本书的你，难免也遇到过让你感到困惑的职场问题和让你难以应对的沟通场景。虽然我不能在这里通过一节的内容就让你了解自我，但我想分享一个在沟通场景下关于自我认知的概念，这样或许能帮你拓展观察自我的视角。

这个概念叫作"控制的导向"。它说的是，你认为什么导致和控制了事情的结果？控制的导向分为外在导向和内在导向。对于一件事情的结果，外在导向的人认为，是别的事或别的人导致了事情的成功或失败；内在导向的人认为，成功或失败的原因都在于自己。这就是个体对自我控制和影响力在认知态度上的差异。

就拿职场晋升来说，内在导向的人认为晋升的原因在于自己的努力、才华和专业能力。这样的人会倾向于通过不断学习、提升自己的技能、体现自己的价值等方式来争取晋升机会。而外在导向的人更看重外部因素，比如上司的青睐、公司的发展及运气成分。他们会认为，如果缺少这些外部因素，即使自己再努力也不一定能获得晋升机会。

我曾经也认为，有些事情不由我决定，比如上司的喜好。我也曾在公司上司不认可我或选了我不认可的人升职时在心里吐槽。直到某天一位前辈跟我说："你可以认为公司上司能力不行，大不了就是不升职或换工作、换上司；不过你也可以试着问自己，你还能做什么，帮助公司上司看到你的价值。"我尝试着按照他的建议做了，神奇的是，自从我觉得"让上司看到我的价值，不只是上司的责任，也是我可以改变的事情"之后，我的价值就真的被看见了。这种转变的最大受益者是我自己。在工作中被看见和被认可本身就是一件令人高兴的事情，升职加薪只是价值被认可后的副产品。

因此，事情的结果固然是受内部因素和外部因素共同影响的，但从自我认知的角度来看，只有更多地理解并重视内部因素，才能够更积极地建构自己的人生掌控力。环境不对可以换，可内在那个不相信自己有能力做选择甚至改变环境的自己，更可能让你在错误或失败中循环，并得出一个"自我实现"式的结论："你看，环境果然不行。"

我之所以在本书的第一章第一节写下这些，是因为希望你在此刻选择相信：你有能力改变。无论是改变自己的看法、行为，还是改变与上司、同事的关系，甚至是改变自身所处的小环境。这种相信是一把钥匙，它将帮你打开与人沟通的新世界，获得一个新的沟通脚本。

第 二 节 　　　如何通过理解组织，
　　　　　　　　解决沟通问题

———————

　　上一节提到，升维沟通这个"新脚本"的运行有两个前置条件。其中一个前置条件是了解自己，相信自己能改变工作中的关系和环境。现在你的手中就出现了一把打开"相信你有能力改变"之门的钥匙，你将进入一个"新脚本"的运行环境。

　　好消息是，如果你在这个新环境里划定了"工作"这个区域，那么你接下来收获的将是这个区域的通关密码。这是什么意思呢？其实，沟通可以发生在许多场景中，既有日常生活中的沟通，也有工作中的沟通。

　　和生活中复杂的沟通场景不同，在工作中，沟通有着相对客观和科学的解法。你在组织里工作，组织本身就构建了一个坚实和统一的沟通框架。换句话说，组织里的沟通，有自己的编码。每个沟通场景的编码可能不同，但只要理解了编码的原理，就能举一反三，轻松解码。

因此，"新脚本"运行的第二个前置条件，就是理解组织。

那怎么理解组织呢？我们又该如何通过理解组织的运行原理，来重新思考沟通问题呢？是不是要拿出《管理学原理》或者《组织行为学》这些书从头到尾看一遍？那些学过这些知识的人，是不是就没有沟通问题了呢？

其实，我们无须科研式地研究管理学或组织行为学，只需要将其中对我们有启发的内容与真实的沟通问题结合起来理解。这也是本书想做到的。

我们可以先来看看，到底什么是"组织"？

关于组织，有很多不同的定义。我认为管理学家巴纳德的定义最能说明沟通在组织里的重要性。他认为，组织是"有意识地协调两个或两个以上的人的活动或力量的一种系统"。具体来讲，组织系统理论的创立者，管理学家巴纳德提出，组织的存续有三个要素：共同目标、协作意愿和信息交流。

也就是说，一个组织，只有在有共同的目标，组织里的成员有协作的意愿，且成员之间信息沟通顺畅时，才能长久地发展和取得成功。其中最重要的就是共同目标这一点。无目标，不组织。所以一支足球队是组织，因为足球队的目标是进球、获得胜利。有了共同的目标，组织里的每个人才需要通过信息交流和共同协作来完成对共同目标的理解、分拆、交付，而这，也就形成了让人与人有效沟通协作的土壤。

人是复杂的、主观的，目标却是清晰的、客观的。

有时候在一个巨大的组织里，随着组织层级的变化，人会逐渐忘记一个组织的目标是共同的。哪怕人再多、层级再多，也要一层层贡献于组织目标，一层层贡献自己的价值，每个人都需要在组织的大网络中协同发挥作用。我将这个称为"层层贡献、点点协同"。

我们在遇到沟通问题时，会很自然地把目光聚焦在与我们沟通的人身上。我们总说要求同存异，但事实上，人们在识别了对方与自己的差异后，常常会忘了寻找彼此相同的是什么。所谓道不同，不相为谋。在生活中尤其如此，既然不同，不相往来便好。彼此在生活中的"同"可能既不存在，也不重要。但在组织中，目标的"同"，不仅存在，而且十分重要。目标是组织区别于一般团体关系的本质差异。这就从根本上改变了沟通问题的解法，所谓，"道同，可与之谋"。只要大家都为组织的目标服务，那就可以找到让沟通更顺畅的方法。

因此，"新脚本"的编码原则就是：存"个体"的异，求"组织"的同。也就是说，虽然每个人的性格不同、沟通方式不同，甚至想法也不同，但都是在为组织的目标贡献价值。"个体"的异是主观的，"组织"的同是客观的。在组织里寻找沟通问题的解，就是在主观中寻找客观的过程。

现在，你准备好运行沟通的"新脚本"了吗？

本章小结

第一章是全书内容的基础。在这一章里，我们介绍了运行沟通"新脚本"的两个前置条件：一个是了解自己，相信自己能带来工作中关系的改变和环境的改变；一个是理解组织，理解组织需要大家层层贡献、点点协同，需要存"个体"的异，求"组织"的同。只有理解了这两个前置条件，才能更精准地理解后续内容中沟通的方法。

在接下来的几章中，我们会涉及更具体的沟通问题及沟通场景。在每一节的开头和结尾，我们都会配有一个模块——内心独白（OS）。OS 是一个普通职场人的内心活动。开头的 OS 反映的是遇见沟通问题时这个人的感受，希望这样能让你对该节探讨的问题有更具体深入的理解。结尾的 OS 则是用内心活动的方式重新点出该节的核心观点或方法，让你可以更快速地抓到重点。

- ✓ 理解行为内外因，了解自己并相信自己有能力改变沟通局面。
- ✓ 理解组织的本质，看见组织里"层层贡献、点点协同"的结构。
- ✓ 理解组织里的沟通是以目标为基础的，"道同，可与之谋"。

认知反思

旧认知：公司就是个草台班子，上班"带薪摸鱼"才不亏。
新认知：

旧认知：职场要义就是努力。
新认知：

升级进度

10%

第二章

个人的误区

本章升级目标：认知系统升级

× 职场懂事原则：不能在上司下班前先走。

× 汇报演示文稿（PPT）做了 800 页，这次升职的必须
是我。

× 躲避裁员大法：多加班。

引　言

我看过这样一句话：所有的问题，归根结底都来自认知的局限。这句话虽然有些绝对，却道出了认知的重要性。心理学上有个"情绪 ABC 理论"，"A"（Activating event）指的是诱发事件，"B"（Belief）指的是人的认知，"C"（Consequence）指的是人的情绪和行为后果。

比如，同样是"马上要做工作汇报了"这件事（A），有的人可能对此特别紧张，觉得每个季度都汇报很麻烦，在汇报时表现得也不好（C），在他的认知里，他看不到汇报对公司、对自己的意义和价值（B）。

但有的人可能还挺开心，特别认真地准备，在汇报时表现得也不错（C），他的认知是，汇报是展现自己工作成果的好机会，得抓住（B）。

从这个角度来看，汇报时无论是用 PPT 还是用文档，无论是用总分结构还是分总结构，无论是用大白话还是用专业词汇，都没那么重要。面对同样的沟通问题，认知不同，结果则不同。所谓"言语未及，因思想未及"，只有我们的认知、思想都到位了，语言表达才能生效，沟通效果才能理想。

因此这一章，我们不着急介绍具体的沟通方法，而是先来解决一些认知和思想上的误区。我们会通过对"高绩效员工是卷[①]出来的吗""打工人卖的是时间吗"等问题的探讨，打好认知基础，再来克服具体的沟通困境。

[①] 网络流行语，指的是个体被迫参与激烈竞争，以争夺有限的资源。——编者注

高绩效员工
是卷出来的吗

> **OS** 嘿嘿，我这次年终汇报足足写了 3000 字，上司就要求写 2000 字，我多写了 1000 字呢！应该够了吧！
>
> （汇报当天）啊？怎么这个同事写了 4000 多字？还有人写了超过 5000 字！本来我还觉得自己写得字数够多了，怎么他们都写这么多！这也太卷了！只有这么卷才能拿到更高的绩效、更多的年终奖吗？我卷不动啊……算了算了，不卷了，还是躺平吧，但是这样躺下去会不会被排挤、被裁员啊？好纠结啊……

"卷"似乎是现在很多职场人摆脱不了的枷锁、逃脱不掉的命运。电影《年会不能停》里有这样一句台词："加班是为了完成工作吗？加班是一种彰显工作态度的方式！"这句台词可以说道出了现实生活中不少职场人的心声。如果你也抱着或者曾经抱着这样的心态工作，那下面这几件事对你来说可能都不陌生。

卷加班时长：在岗时长不垫底，加班就得人人知；

卷汇报文档：不管干了多少活，字数都得足够多；

卷情绪价值：上司命令不反驳，吹捧更是不能少。

但卷，真能卷出高绩效、卷出存在感、卷出升职加薪吗？

还真不一定！卷加班时长、卷汇报文档、卷情绪价值，在很多时候都是"无效卷"。对上司来说，你卷加班时长，他没准觉得你浪费公司电；你卷汇报文档，明明10分钟能讲明白的事情，为了显得自己很努力非得讲20分钟，他没准觉得你浪费了他的时间；你卷情绪价值，除非对上司特别熟悉，不然可能适得其反。

要想拿到高绩效，先要理解组织的本质、人和组织的关系。上一章介绍过，一个组织需要每个人层层贡献价值、层层贡献于目标。无论你的上司有什么性格，只要身处组织中，他就需要朝着部门的目标努力，去贡献价值，因此上司最在意的事情，一般与部门的目标能否顺利实现息息相关。

想拿到高绩效，关键是对上司最在意的事有所贡献。与其拼汇报字数，不如用心思考自己的汇报重点是否击中了公司及上司最在意的事情。

这个底层认知清晰了，我们再来看这种认知转变会对沟通产生什么影响。还是以工作汇报为例。

李富贵是一家公司的财务，每次跟上司汇报工作时，通常遵循以下逻辑。

本季度共完成：
- 80笔应收款项结算（部门人均结算完成65笔）；
- 30笔差旅费用报销（部门人均完成25笔）；
- 协助业务部门完成业务成本预算测算，准确率达到95%（平均准确率为90%）。

你看完这些数据是不是觉得这个财务的工作做得还不错？至少从数据上来看做得不错。但如果我们换个角度思考，这些和上司的目标有关系吗？上司会在意他完成了30笔，还是35笔费用报销吗？答案大概率是否定的。上司听完这个汇报顶多觉得这个财务比别人勤劳一点。但如果他对汇报逻辑做一些改变，就可能会产生不一样的效果。

通过对财务预算数据进行分析，发现公司的重点业务跟之前的汇报相比，上司肯定觉得这次的汇报更有价值，它帮公司发现了一个在业务资源配比上可能存在的漏洞，对于上司的目标，也就是成功完成重点业务方向的业绩做出了贡献。

我们常常认为，财务在公司中属于支持性岗位，离业务比较远，但实际上，一家公司里的任何一个岗位都是为公司目标服务的，也都能为公司目标贡献价值。从组织的角度去思考、解决沟通汇报问题，是更能触及本质的方式。

市面上有一些职场的书，看似能帮助你定位上司最在意的事情，解决沟通汇报问题，但常常治标不治本。比如，上司在含糊其词时，想表达的可能是什么意思；如果上司一直不回邮件，会是什么原因……我把解决这类问题的方法统一称为"猜心思"。有没有用呢？有用，但不完全有用。如果你基本上不会换工作，也很少换上司，那猜上司的心思可能确实对你有一些帮助。但如果你常换工作、换上司，那猜心思可能就没那么有用了。

有一次直播连线时，有个人分享的经历就特别能说明这个问题。我们暂且管这个人叫"张小嫡"吧。张小嫡说，最近换了个新上司，他感觉自己跟这个人相处不来，在沟通上总是不顺畅。他跟上一个上司一起工作了5年，每次上司有什么想法，他都能比其他同事领会得更精准，也能听懂上司的言外之意、弦外之音，甚至其他同事都觉得他最受上司器重，毕竟他年年拿的都是高绩效。但没想到，他的上司突然离职了，公司空降了一位新管理者。换上司之后，他觉得自己好像干什么错什么，时常领会错上司的意思，新上司需要的好像也不是情绪价值。最近，在绩效打分时，上司也给了他比较低的分数。

张小嫡之前在工作时就是通过猜心思、卷情绪价值拿了暂时的高绩效，他跟老上司一起工作了很久，也比较有默契，上司的心思他猜得也往往很准，但换了个新上司，他就猜不准了，更拿不到高绩效了。我们从他的经历就能看出，猜心思有一个问题，那就是"不可复制"，你能猜到这个上司的心思，但换一个上司，这种方法也许就不好用了，毕竟人和人的性格差别很大。猜心思，看似是一条捷径，实际上只能让你走弯路。

相比较来说，如果我们理解了在组织里每个人都是层层贡献价值、层层贡献于目标，那么无论你的公司属于什么行业、规模大还是小，你的上司性格如何，只要你沟通汇报的重心是为公司的目标、上司的目标做出的贡献，就肯定能凸显自己的价值。而我们常说的拿高绩效的员工，在本质上也是那些能为公司目标、上司目标贡献高价值的人，而不是那些"无效卷"的人。

OS 原来卷汇报字数也没什么用啊，既然每个人都需要层层贡献价值、层层贡献于目标，那我得赶紧去看看公司、上司的目标到底是什么，有没有什么我能干的；要是能帮上司完成目标，那我或许能有更好的发展！

我能力挺强的，
就是不会沟通

OS 怎么办啊，这次汇报又没发挥好，明明项目效果很不错，但不知道为什么上司竟然"不认可"，我讲着讲着他还低头看电脑，好像我讲的内容让他觉得很无聊似的。明明我跟关系好的同事私下聊天的时候说得挺好的，他还觉得我们这项目完成得很好。但一到正式场合跟上司汇报，我就不好意思讲自己的贡献，还常常讲不清楚重点，好像我讲的都不是上司想听的。到底怎样汇报才能让上司看到我的价值啊！

　　在工作中，你做了什么当然重要，但通过汇报让他人知道你做了什么，同样重要。同样是把事情做到了 80 分，有人擅长汇报，其他人就认为他可能做到了100 分，而有人不擅长汇报，别人可能认为他只做到了60 分。

　　如果你也像 OS 里说的一样不擅长汇报，那你可能也遇到过下面这些情况。

明明辛辛苦苦干了一年，成绩也不错，但一到述职就掉链子，根本无法在会议中讲清楚自己的贡献，最后拿高绩效、升职加薪的是很会表达的人，可他们的成绩和你差不多，甚至还不如你。

或者，虽然你干得确实挺不错，但是不好意思讲出自己的贡献，最后上司根本不知道其实你做了很多工作。

甚至你觉得自己都干得这么好了，上司如果看不到你的贡献，也不重视你，那就是上司有问题，公司有问题，自己还不如早点换到一家更赏识自己的公司。

种种问题，其实都可以被总结成一句话："我能力挺强的，就是不会沟通。"比如，我有一个朋友就不怎么擅长沟通汇报。他负责过一个生产流程变更的测试项目，测试完，他准备像下面这样向上司汇报。

这次测试的目的主要是优化生产流程，为此，项目组将现有生产流程中的某个拼装环节，分为全模块一人组装和分模块多人组装，以此进行对比测试，看是否需要将生产流程优化为分模块多人组装。在测试过程中，按两组组装 100 台机器，计算两组平均组装一台机器消耗的总工时。工人均为可独立完成一人组装全模块工作的熟练工，并假设工人薪资相同。结果显示，分模块多人组装所用工时更短，为 8 小时，全模块一人组装为 10 小时。因此，可以考虑推广分模块多人组装的生产流程。

你看完这个汇报有什么感觉？你可能看着很费力，甚至可能看不完。如果他的上司能认真听完、看完这段汇报，那他或许是个在乎下属感受的上司了。好在有个热心的同事提醒他说："你写得太不清晰了，完全看不出重点是什么，至少要做到分条缕析，讲清楚吧。"他一听，觉得非常有道理，汇报确实是自己的弱项，得赶紧恶补一下这项技能。于是，他买了《金字塔原理》和几本相关的书，苦读一番之后，把汇报改成了下面这样。

- 项目背景：为优化生产流程，项目组将现有生产流程中的某拼装环节，分为全模块一人组装和分模块多人组装，以此进行对比测试，看是否优化为分模块多人组装的生产流程。

- 测试方法：分组组装 100 台机器，计算两组平均组装一台机器消耗的总工时。工人均为可独立完成一人组装全模块工作的熟练工，假设工人薪资相同。

测试结果如下。

- 分模块多人组装用时：8 小时。
- 全模块一人组装用时：10 小时。
- 测试结论：可以考虑推广分模块多人组装的生产流程。

怎么样？是不是清晰多了！没想到，上司对他的这次汇报还是不置可否，觉得他没深入思考，让他好好梳理一下，再汇报一次。这可把他难住了，于是他来向我求助，有点委屈地说："我这次的汇报逻辑已经很清晰了，而且重点结论也很突出，怎么上司还不满意呢？难道要写 8000 字的报告？你不是说汇报不拼字数吗？"

我看了他的两版汇报材料之后发现，他遇到的问题表面上看是如何梳理汇报逻辑，但实际上是认知需要转变。如果认知都错了，那学再多的沟通技巧也只是隔靴搔痒。不仅是他，很多人都以为在沟通或者汇报时，只要做到逻辑清晰、重点突出就可以了，但是他们没有想过，怎样才算重点突出，哪些是重点，哪些不是重点呢。

要回答这些问题，我们就必须脱离自己的单一视角，站在公司的角度进行思考。其实，好的沟通汇报不仅体现在逻辑表达上，还体现在对业务的了解和思考上。我们很多人在沟通汇报时总是将关注点放在自己做了什么、自己做得有多好上，却没有关注公司需要什么，做好这件事对公司和上司来说意味着什么。就像我们前面说的，一个组织里需要每个人层层贡献价值、层层贡献于目标。这不是你自己觉得贡献了就行的，还需要公司和上司的认同。

厘清了这个问题，我帮助朋友重新梳理了他的汇报逻辑，在之前汇报的基础上增加了以下内容。

对后续业务决策可供参考的信息如下。

推广测试方案会为业务带来的增长：
根据现有业务量测算（该组装环节总工时 ×10%），采用新方案将为公司节省总工时 1000 小时。如分模块多人组装引入非熟练工，还可能进一步降低对应的人力成本。

推广测试方案所需留意的风险：
在本次测试中发现，在执行新方案的前 3 天，产出很不稳定。如短期内变更全部生产流程，一些紧急订单的交付时间有延迟风险。

如果推广测试方案，建议按以下步骤操作，性价比或稳定性最高：

增加非熟练工分组测试，进一步估计人力成本的节约空间；批量推广非紧急订单；3 个月后再完成全流程变更。

按这样的逻辑去做汇报，他的上司果然给了他很好的反馈。在上一版汇报中，测试结果其实写得也很清楚，一组花了 8 小时，另一组花了 10 小时，结论是新的生产流程值得推广。这不就是上司想要的结果吗？但实际上，这一结论仍然来自员工的视角，上司想知道的并不是这个测试省了多少时间，而是这个改进方案整体能给公司省多少工时，降多少成本。这道算术题，哪怕不在汇报中帮上司算出来，上司自己也会算。但如果他在汇报中呈现了这个数字，就说明他是从公司的角度出发，思考了这次测试的结果，上司自然会比上次更满意。

另外，虽然他现在是测试项目的负责人，但在推广新的生产流程时，肯定会有新的同事参与其中，那么在接下来的推广过程中有没有可以预判的风险，推广的节奏要怎么把控，这些都是重要信息。如果在汇报的时候不讲，上司可能就会问，或者他需要自己再做判断。如果他在汇报时考虑到了，则肯定可以为这次的汇报加分。

不过，从个人视角转换到公司和管理者的视角，说起来容易，但要真的完成这个转变似乎又没什么具体的抓手。确实，普通员工可能既没当过管理者，也不知道怎样从管理者的视角看问题，想完成这样的认知转变不是一蹴而就的。但你可以从"上一级，下一步"入手，在每一次汇报中不断地练习转变自己的认知。比如，在刚刚的案例中，把"8小时、10小时"转换成"为公司节省工时1000小时"，这就是"上一级"。虽然接下来的推广工作不是你负责，但是你替公司想到了更低风险的"下一步"，那么你贡献的价值就会更高，汇报自然会更成功。

总之，沟通汇报只做到逻辑清晰、重点突出是不够的，所谓的重点，其实是管理者想要的高价值信息，因此我们要从公司和管理者的角度去思考问题，梳理汇报逻辑。

与不知道怎么汇报的人相比，还有一些人其实是打心底里没有认可汇报的价值。要改变这种心态，光想着怎么让自己变得坦然一点是没有用的，还是应该从组织的角度重新理解汇报这件事。

举个例子，我有个同事，他非常优秀，也为公司做了很多贡献，但在汇报工作时，总是会特别谨慎，觉得在大会上介绍自己做的项目是很不谦虚的表现。有一次，他的上司让他给上级公司领导和兄弟部门介绍项目情况。但在介绍的过程中，他既没有重点讲解自己和团队在项目中的贡献，也没有着重强调项目取得的成绩，导致这个项目没有得到太多的曝光度和认可度。后来在公司年度评选的时候，他个人和团队也就没有凭借这个项目得到与其贡献匹配的表彰。

这个同事就没有意识到，自己的价值如果没有得到彰显，不仅会影响自己，还会影响团队，甚至影响上司。我们还可以换个角度来理解，如果你的上司不重视汇报，那么他的上司就不重视他的产出，也不会给你们部门提供更好的资源。你作为下属，是不是也会因想做的事情得不到支持而埋怨你的上司？

我们应该认识到：彰显自己的价值是合理且必要的，上司的价值也需要通过彰显我们的价值来体现。这是因为，一方面，我们的价值在被上司评估，这就需要我们准确传递出自己贡献的价值；另一方面，更重要的是，上司的价值也需要通过我们来体现。还是那句话：一个组织就是需要每个人层层贡献价值、层层贡献于目标，沟通汇报就是其中的重要一环。下次，当你再想说"我能力挺强的，就是不会沟通"时，希望你能从公司和管理者的视角，重新审视自己面临的问题。

> **OS** 原来沟通汇报时能不能彰显自己的价值，不仅会影响自己，还会影响上司、同事啊。我可不能因为自己不好意思自夸，让项目组的小伙伴也吃亏。我下次汇报时不仅要做到逻辑清晰，还要花心思找到公司想要的高价值信息，让上司看到我们做出的成绩！

第 三 节

**上司老让我
干杂活怎么办**

OS　今天又得加班了，白天都在给上司干一些杂活，自己正经的工作都没时间干，时不时就得加个班。原来觉得这些虽然是些杂活，但这是上司让干的，也是工作上的事，应该认认真真地干。但没想到活越来越多，推都推不掉，好像一有活，上司第一个想到的就是我，我要怎么跟上司沟通，才能既不得罪他，又能把不属于我的工作推出去啊？

你在工作中可能也做过这些事情：定会议室，点加班餐，做会议纪要，做各种杂七杂八的表格，整理部门文件、报销团建费用……这些事情看起来小，但非常杂，特别花时间，可以说是团队里大家都不想干的"杂活"。

在一次直播中，有位观众就向我倾诉了类似的苦恼。

最近有个工作上的问题困扰了我，希望能得到您的建议。我做的是专业性比较强（理工类）的工作。因为我的一个同事休长假，所以有一些事务性工作，上司就安排给了我，主要是整理各类文档，制作模板化报告，等等。这些工作非常耗时且意义不大，属于无法写入年度绩效考核的那种。我如果认真做，就会浪费很多时间干"体力活"。而且，我之前曾帮其他出差的同事做过类似的工作，那次做得很好，我担心上司觉得我在这方面比较熟练，以后就老把类似的"体力活"交给我。但我又不敢拒绝，怕上司和同事觉得我推活或水平差。我把握不好这个度。希望能得到静姐的意见。

简而言之，她对于上司安排的这些事务性工作，做好了怕越来越多，做差了怕影响自己在上司心里的印象，不知道该怎么拒绝。

如果你也遇见了这种情况，我建议你先想想要不要拒绝。万一在上司的眼里，你就是干不好其他更高难度的工作呢？那你就不应该拒绝，先把杂活认真干好。虽然这听起来有点刺耳，但在这种情况下，你想不想干这件事情，干这件事要花多长时间，一点儿都不重要。对于刚刚提问的那位观众，我也没有先教她怎么拒绝，而是先问她是不是有足够大的能力和底气去拒绝。如果确定自己有能力，也认为在上司心里自己不是只能干杂活的，那我们再来看应该怎么拒绝。

一种方法是，表达得尽量委婉，用高情商的话术拒绝。不过再高情商的表达方式，也只能"哄"得了一时，一旦次数多了，就无可避免地会给人留下"推活"的印象。

委婉表达不管用，那试试说自己工作量已经饱和呢？这总归没什么问题吧？

实际上，虽然这理由听起来很合理，但是也很容易让上司重新审视你的工作量，看看是不是真的多到没法加个新工作。谁能保证自己的工作量在上司眼里是完全饱和的呢？

那怎么办呢？这个问题到底还有没有解？虽然这个问题在"干不干这项杂活"的层面上无解，但上升一个维度看，新的解就出现了。

如前文所述，一个组织需要每个人层层贡献价值、层层贡献于目标。上司的诉求不只是眼前这点杂活 A，他要完成的目标下还包括很多其他任务，我们要做的是跳出这个"干不干杂活 A"的选项，寻找众多任务中价值更高的任务 B，用高价值的任务 B，去替代低价值的杂活 A。这样，我们就通过统一目标的方式，既为公司贡献了更高的价值，又摆脱了干杂活的烦恼。

听了我的这个建议之后，没过多久，那位观众便发来了反馈。

> 您给我的建议，我很快就找到机会实践了，真的有效！上司又让我做一件项目组里谁都能做的测试工作。上司给我打电话问我在干什么，我跟他解释，我在做一件直接关系项目结果且组里只有我能做的工作，很重要。他就安排别人去做测试工作啦。如果您没教我，我可能只能一边抱怨一边做那些杂活吧。

你看，当我们说工作量的时候，就算工作量已经饱和了，还是难以逃脱再干额外的杂活的安排；但当我们说对目标重要的贡献时，上司就能很快选择让你去完成这一项任务，因为价值的评估可以取一舍万，而时间的评估可以百上加十。

不过，要怎么判断什么任务价值更高呢？或者说，我们怎么定位工作中更高价值的任务呢？毕竟，我们认为这个任务价值更高，但上司可能并不这么认为。

最简单的方法，就是跟上司确认目标。但如果你想在这之前就有自己的判断，可以思考一下：上司在做任务分派时，到底是在分派什么？你可能会说："就是派活嘛，根据每个人的能力和时间分配任务。"但这只是对管理和组织的浅层理解。一个企业发展的核心，其实是通过组织管理来实现目标。因此，在管理者分派任务时，下属的能力和擅长方向只是他的参考点，而不是出发点。管理者做任务分派，永远是在调配资源，以实现目标。管理者眼中的高价值任务，就是对实现目标最有贡献的任务。

我曾经有一个很优秀的下属，他的个人能力非常强，能把负责的工作完成得非常好，甚至一个人能完成两个人的工作量。他的工作思维基本上是：这件事情我想做，也想做好，那我就要争取最多的资源来做。

他经常来问我：这项工作能不能给我更高的预算？同样都是做市场推广活动，活动 A 花了 50 万元，活动 B 我只用了 10 万元，但效果特别好，下次我做活动 C 能不能也给我 50 万元的预算，我做得肯定比活动 A 好。

你听完他的话是不是都想说："给他，给他！这么优秀的员工，这么合理的诉求，必须得给啊。"

但我并没有同意，因为活动 B 也好，活动 C 也好，都只是他眼中的重要任务，而不是公司的重要任务，对达成公司的目标价值并不大，哪怕活动效果再好，投入产出比再高，我都不会往上面调配与目标并不相符的资源，无论是资金，还是人力。

管理者在分派任务、分配资源时，员工的个人能力只是他考虑的一方面，从根本上说，他考虑的永远是为目标服务。懂得了这一点，我们才能准确定位管理者眼中的高价值任务，当被分配到低价值任务时，我们就可以用高价值任务去置换，而不是纠结于话术的选择。

OS 用高价值任务置换低价值任务，而不是直接拒绝，这个思路不错！学到啦！原来"一个组织需要每个人层层贡献于目标、层层贡献价值"对这个问题也能有启发，这比那些教人委婉拒绝的话术好用多了。

第 四 节　　　职场人卖的是时间吗

OS 这都到下班时间了，怎么没人走啊？那我也等等再走。嗯……但是我工作都做完了啊，也不能在这干坐着，还是打开电脑吧，显得我还在干活。

这都过了下班时间半个多小时了，还是没人走啊，大家真的有那么多工作吗？为什么不能到点下班啊！

在日剧《我，到点下班》中有这样一段情节。主人公东山从不在意她公司里盛行的"加班文化"，坚持不加班，只要到下班时间就立刻下班。有一次，两个同事对东山说："大家都工作到晚上七八点，只有你在晚上6点整离开公司。"虽然东山反驳说："当天的工作我都好好完成了。"但那两个同事似乎并没有被说服，反而觉得东山工作不够努力。

在现实生活中，可能很少有人能有东山那样的勇气，很难顶住来自加班同事的压力，并理直气壮地准时下班。很多人会"随大流"，无论工作做没做完，都和同事一起加班，选择安全稳妥，或者像东山的同事那样，觉得只要上班时间够长，就能显得自己工作足够努力。

曾经有个粉丝在后台给我留言说："我真的不理解，我竟然在这次的裁员名单里，我每天那么兢兢业业地工作，不仅从来没有到下班时间就走，甚至还经常是全组走得最晚的，可以说是起得比鸡早、睡得比狗晚了。我都这么努力了，为什么还会被裁员啊，那些留下的同事也没比我优秀多少啊！"

其实，无论是坚持准时下班，还是"自愿"加班，背后都隐藏着一个很多人没有察觉的预设：职场人，卖的是时间。因为觉得自己卖的是时间，所以才会想不通自己天天加班，付出了这么多，怎么还会被公司抛弃；因为觉得自己卖的是时间，所以才不愿意再"卖"更多的时间，到时间就该下班。如果对工作的理解存在本质上的误解，那必然会影响同级、上下级之间的关系，从而导致许多沟通问题。

"职场人，卖的是时间"这个认知真的是对的吗？

我们可以试着转换一下视角，从组织的角度来思考：如果我们卖的是自己的时间，那组织或企业，买的也是我们的时间吗？你可能会说，说的没错啊，不然一些公司为什么鼓励加班呢？

实际上，"职场人，卖的是时间"在出卖劳动力的时代或许是对的，但在现在的社会分工中，我们讨论的职场人，绝大部分都是脑力工作者，卖的其实是工作时间内产生的价值，是我们为公司的业务发展增加的那些成功率。

我们以前文中的干杂活为例来分析可能会介绍得更加清楚。干杂活一般都特别费时间，甚至还带点奉献色彩。总是干杂活的人就像在为团队服务，大家会觉得这个人很辛苦，但公司不会认为干杂活的人是核心。同样的道理，就算你加班时间再长，上司顶多觉得你很努力，在他的评价标准中，你的价值仍然取决于你为公司的目标、团队的目标做出的贡献。实际上，还是我们一直在说的那句话：一个组织需要每个人层层贡献价值、层层贡献于目标。

企业和组织其实是围绕目标运转的，企业的目标就是赚取利润。当经济环境好，企业能从市场上挣到更多的钱时，它就不会那么在意企业里的每个人是不是都在帮公司挣钱；但当企业盈利压力大时，管理者一看财务报表，里面有一个很大的成本项，那就是人力成本。这时候，没有企业会把每个员工的在岗时长数据列出来比较，按在岗时长考核绩效。公司看的是什么呢？当然是每个员工产生的价值是否与成本对等。

那员工在公司眼里就永远是成本，是负担吗？

也不一定。在会计学里有一个概念叫作"费用资本化"，指的是那些能满足一定条件的成本和费用支出，不再计入当期损益，而是可以作为资产的一部分进行管理。举个例子，一家生物医药企业，需要大量科研人员长时间研发新药，研发周期长、成本高。我们当然相信，在新药研发出来后，企业支出的这些人力成本能创造更大的价值和利润，但研制过程中这些人力成本就只能由企业一直背负。在什么条件下这些成本可以提前划入资产呢？当研发取得一定成果，可以初步判断其能够贡献经济价值的时候，这些科研人员的支出在财务口径上就可以转为资产。

为什么要举财务的例子？因为员工有时候离企业经营比较远，会从自己的角度出发，专注于用劳动换钱，而没有意识到人力可能是公司最大的成本。懂得了这一点才能理解，只有帮助公司完成目标、产出经济价值，才能让自己成为公司的资产。

　　一个真正聪明的管理者，不会用是否加班来衡量一个员工的价值；一个真正聪明的员工，也不会用是否加班来衡量自己对公司的贡献。总之，我们不能让自己的工作成为时间上的比赛，它应该是价值的较量。

> **OS** 原来还是得看自己对公司目标和价值的贡献，只要价值贡献足够大，下次我就勇敢尝试准时下班啦！

本章小结

在这一章，我们借由一些具体的问题建立了关于组织、组织与个人关系的认知。不管是"高绩效是卷出来的""我能力挺强的，就是不会沟通"，还是"被分配干杂活怎么拒绝""职场人，卖的是时间"，这些认知都把力气用错了地方。这样我们哪怕再努力，效果也会不尽如人意。

因此，我们需要跳出个体的视角，站在企业的角度思考，只有这样，我们才能明白，组织里人人贡献价值、人人贡献于目标，每个人都是需要产生价值的资源，做好这份工作的最优路径，则是成为对企业目标有贡献的优质资源。弄懂了这个道理，许多沟通问题才会迎刃而解，我们在工作中才能摆脱"无效卷"的怪圈，在为公司创造价值、为自己职业生涯添砖加瓦的同时，不耗费那么多的时间和心力，找到更舒适、高效的工作方法。

认知反思

旧认知： 职场懂事原则：不能在上司下班前先走。

新认知：

旧认知： 汇报 PPT 做了 800 页，这次升职的必须是我。

新认知：

旧认知： 躲避裁员大法：多加班。

新认知：

升级进度

25%

第三章

组织的目标

升级目标：认知系统升级

升级前

× 帮同事担责就是卖人情，下次合作好说话。

× 隔壁部门总监真差劲，跟他完全合作不了。

引　言

《西游记》的故事，你肯定听过。唐僧、孙悟空、猪八戒和沙和尚师徒一行四人，一路斩妖除魔，前往西天取经。那你有没有想过，他们能成功取得真经，主要归功于谁呢？

是上天入地、无所不能，一个筋斗能翻十万八千里的孙悟空，还是挥舞着九齿钉耙的猪八戒，或是任劳任怨的沙和尚？如果让我选，我会选没有任何武力值的唐僧。虽然他动不动就爱念紧箍咒，永远分辨不出幻化成人形的妖怪，但他有一个优点，就是目标明确，并且能坚定执行。孙悟空会在被冤枉后，一气之下回到花果山，猪八戒动不动就嚷嚷着回高老庄，沙和尚更是个没主意的角色，只有唐僧，一心只想去西天取经，哪怕经历了九九八十一难，这个目标也始终没有改变。最终他也确实带着三个徒弟，取得了真经。

一个团队、一个组织同样如此。如果目标明确，并且组织中的成员都能达成一致，那么组织便能更高效地运转，哪怕出现沟通问题，也相对容易解决；但如果目标模糊或者组织中成员的目标并不一致，那么哪怕大家都性格和善、乐于助人，沟通也不会顺畅。

　　在这一章，我们先不急于解决你认为棘手的沟通问题，而是从更高的维度，带你识别一些认知陷阱，认识到有些问题虽然在表面上是沟通问题，但其实是组织目标设置不当导致的。在解决这些问题时，你也只有从目标着手，才有可能扭转局面。

谁的责任？
没有赢家的团队

> **OS** 真的是无语了，出了问题又不是我一个人的责任，那个同事也有责任啊，他对这个项目根本不上心。上司也是，就一个劲儿在那和稀泥，也不解决问题。反正这个责任不能我一个人负，大不了闹到公司大领导那儿，大家一起说道说道！哎……但是也不能闹太僵，以后抬头不见低头见的，在沟通时要怎么把握这个度呢？好难啊……

　　在工作中，大家最怕的往往就是出问题，一旦这个问题涉及其他部门，解决起来就更棘手。问题到底出在谁身上？责任应该谁来负？这些都会成为跨部门沟通的难题。若是把责任担下来，则咽不下这口气，但据理力争吧，又难免会起冲突。如果双方再也不合作了，倒也没什么，就怕之后还有需要互相配合的情况。甚至有时候，跟对方沟通不明白，还得拉来各自的上司帮忙"评评理"，让问题上升成两个部门之间的矛盾。如果部门领导解决不了问题，还有可能闹到公司大领导面前。

公司大领导呢，也很头疼，面对公说公有理、婆说婆有理的情况，把责任归结于谁，谁都觉得冤枉，免不了被认为他在"和稀泥"。

我在给企业做咨询时就经常遇见这样的情况。

在一次总结复盘会上，销售部门的营收目标没有完成，公司领导要销售部门解释原因。销售负责人（我们可以暂时管他叫"钱多多"）说："我们的目标按预估是可以完成的，但是我们签回来的单子，有些研发的排期跟不上，有些业务部门核算后放弃交付，虽然我们也都理解，但最后确实导致我们的营收目标没有完成。"

听到这里，业务部门负责人（我们管他叫"叶武武"吧）觉得钱多多在推卸责任，于是还没等公司领导问，他就说："我们也想协助销售部门完成任务，但是核算下来确实毛利太低了，做完交付都是亏的，如果做这些项目，我们的项目利润就不达标了。"

这时候，产品研发部门负责人（我们先管她叫"颜婵婵"）也坐不住了，再不说几句，感觉责任就要落在自己部门头上了，于是她也加入进来："我们接到的开发需求，基本都是说客户催着要，不做说不定客户就不下单了。这就导致我们只能全部排进需求池一点点做。我们也不知道做哪个能直接贡献营收。更何况，产品研发还要为平台型的功能留资源，这是决定我们长期优势的投资。"

如果你是钱多多，你会有什么感觉？明明我能完成目标，因为其他部门不支持，所以我才被公司领导批评，结果他们还当着公司领导的面推卸责任。不行，必须得让公司领导"主持公道"。

但公司领导心里也很生气，怎么下属的任务完不成，还在推卸责任，是不是能力太差，或是根本没把公司发展当回事？公司领导想追究责任，又不知道该怪谁，好像每个人的理由都很充分。最后，整件事情只能不了了之，甚至有的公司领导在这时候还会说："你们自己协调解决一下。"

那怎么解开这个复杂的沟通难题呢？

钱多多是应该放低身段，拜托颜婵婵和叶武武多帮帮自己，还是一路"强硬"到底，哪怕撕破脸也绝不担责？公司领导是应该"和稀泥"，强调大家要团结，要发扬利他精神，还是各打五十大板？似乎任何一种方式都不够妥当，这种多方利害关系纠缠的情况，好像也很难依靠高情商的沟通话术处理。

但如果我们回归组织的本质，就有可能破局。

再次强调我们一直讲的那句话：组织里，人人贡献价值、人人贡献于目标。但在目标拆解、设置的过程中，很可能会出现部门与部门、人与人之间目标不一致的情况，沟通问题也由此产生。因此，钱多多要解决的看似是沟通问题，但实际上是目标设置不合理的问题。

管销售的钱多多背的是营收目标，只要能完成这个目标，无论单子的毛利多少，肯定都会签。但管业务的叶武武背的不是营收目标，而是利润目标，那就得看单子的毛利，因此销售部门签的一部分单子，到了业务端就会被卡。而产品研发部门呢，要考核平台的长期提效，对于销售提的任何需求，产品研发部门不可能全部优先开发。大家其实都挺努力，但是努力的方向不一致，最后导致业绩不理想，沟通不顺畅。

公司领导如果能意识到是目标设置出了问题，就不会怪下属能力差、不会沟通，而是可以通过重新设置目标，让大家劲儿往一处使，创造更好的业绩；员工如果能发现这是目标设置出了问题，而不是同事故意不配合、推卸责任，那双方自然不会再争吵，而会形成合力，向公司领导反馈目标设置的问题。

比如，你要设计一个商品详情页，为了得到更好的效果，提高转化率以实现更多的商品售卖，你拉着设计部门的同事，希望他能跟着你精益求精，他却推三阻四。你提的想法和建议，他在操作执行时总是打折扣。你不知道怎么跟他沟通，甚至觉得这个同事干活不负责，工作不认真。

但实际上，出现这样的问题可能只是因为，商品详情页的转化率不是他的主要业绩目标，而是他支持性工作内容的一部分，你再怎么沟通，再怎么让他反复修改你的商品详情页都没有用，只会让他觉得你很麻烦。你要做的，应该是从他的目标下手，比如通过跟管理层反馈，看看能不能调整设计部同事的目标。如果对公司业务很重要的商品详情页的转化率也成了他的主要业绩目标，你们沟通起来自然会十分顺畅，甚至他还会主动拉着你一起改。

总之，我们遇到沟通问题，特别是跨部门的沟通问题，原因有时候可能并不是任何一方出了问题，而只是双方的目标出现了错位。与其调整自己的沟通策略和技巧，不如想办法把目标统一。同样地，如果出现下属任务完不成、互相推卸责任的情况，管理者盲目责怪或者"和稀泥"，并不能解决问题，反思一下自己设置的目标是否合理，更有可能扭转局面。

OS 这样一说，我跟同事的目标好像确实不一致啊，这个项目不是他需要优先完成的目标，难怪他不怎么上心呢！这样，我再怎么跟他沟通都没用，还是得找公司领导说说目标设置的问题。

第 二 节 "你背营收，我背利润"：成年人也没法全都要

OS 真是说起来容易做起来难啊！我虽然明白了有些沟通问题是目标设置导致的，但是下次再遇见类似的情况，我还是意识不到是目标出了问题。怎么判断沟通问题是目标而不是其他原因导致的呢？

如上节所述，表面上看起来的沟通问题，实际上是目标设置的问题。但要完成这样的认知转变，精准识别目标设置的漏洞，我们就得先知道，一个组织在设置目标时会出现哪些问题。这一节我们就来讲讲在设置目标时最常见的一个陷阱：目标不统一。

什么叫作"目标不统一"呢？

你可能听过这样一句流行语："小孩子才做选择题，成年人当然是全都要。"这种"既要、又要、还要"的心态，充分体现了人们在追求目标时的复杂性和矛盾性。就拿减肥来说，方法无非就是"管住嘴、迈开腿"，

但有些人为了更快地实现目标，既想高强度运动，又想大幅度节食，可这二者往往是冲突的，要是大幅度节食，哪还有力气运动；要是进行高强度运动，就必须适当补充能量。因此，帮人制订运动计划的健身教练，往往会提醒减肥的人一定要保持能量的摄入。道理看似如此简单，但是在企业经营中，目标不统一的情况却时常出现。比如一家企业，既想要拼命实现一年 1 亿元的营收规模，又想尽可能获得 3000 万元的利润，这二者从商业角度来看都是很好的目标。但要同时实现这两个有挑战的目标，就很容易出现不同部门的不同员工背的目标不统一的情况，在这种情形下，跨部门的沟通自然不会顺畅。

如果确定沟通问题是目标不统一导致的，那应该怎么解决呢？需要在两个目标中做出取舍吗？

其实在设置目标时不一定非此即彼，管理者只需要事先确定好目标的优先级就可以了。在当前的业务阶段，明确到底是营收重要，还是利润重要。这样，如果出现冲突，大家就能根据目标的优先级来决定这个单子要不要做。如果营收和利润同样重要，并且不同的部门各背一头，就会出现上述案例中的经典矛盾：销售愿意做，但业务不愿意做，最后只能事事争吵，事事找公司领导；公司领导也只能一事一议地去决策，这无端增加了管理成本。

举个例子，拼多多的商业原则就是保持低价，这个目标非常清晰，每个部门都朝着低价这个目标来努力。就拿土豆来说，在一般情况下，在分拣土豆时，商家会把相同大小的土豆称重、包装、定价，因此你买到的土豆个头都差不多。但拼多多认为土豆的大小没那么重要，于是省去了这一步，这大大降低了分拣过程所需的成本。你拿到手的土豆在感观上或许不是最好的，但价格一定是很便宜的。

因此，一个企业有多个目标很正常，只要确定了优先级，员工执行起来就会顺畅许多。除了定义目标的优先级，管理者还可以通过设置底线和决策流程的方式来促进协作和决策。比如，把 15% 的毛利设为底线，营收再高，只要毛利低于这个底线，这个单子也不做；或者设置一定的决策流程，低于 20% 毛利的单子需要高级别公司领导的审批，这样就能避免出现销售和业务等部门争吵的情况。

当然，以上很多问题确实是管理者应该着力解决的。普通员工可以做的是，遇到沟通问题时，能识别出矛盾是由目标不统一导致的，与其和同事争吵，或者事事找上司决断，不如找上司讨论如何进一步优化目标。无论是明确优先级，还是设置底线和决策流程，都有可能让自己遇到的沟通难题得到根本性的解决。

> **OS** 目标一般都是公司各方讨论过设置的。没想到还能出现不统一的情况，而且目标都是上司设置的，只要觉得完成难度不是很大，我就不会想太多。毕竟目标设置成什么样，我说了也不算。但既然目标对沟通有影响，那之后我就得上点心了！如果发现目标不统一，早反馈，好过晚冲突。

OS　我发现还有个难题……也不能每次出现沟通问题都去改目标吧，最好是刚开始的时候就把目标设置好！可我又不是资深管理者或者专业的 HR，怎么知道什么样的目标才是好目标呢？问题真是一个接一个啊……怎么解决呀？

如果你去网上搜索什么是好的目标，会得到许多种搜索结果，一种常见的回答是，好的目标通常要符合 SMART 原则，它代表的是具体（Specific）、可衡量（Measurable）、可实现（Attainable）、相关性（Relevant）以及有时间限制（Time-bound）。很多企业在设置目标时也会遵循这个原则。

但这样的目标就可以为组织内的沟通保驾护航了吗？也不一定。就像我们上一节提到的目标，比如今年完成 1 亿元营收和 3000 万元利润的目标，可以说基本符合 SMART 原则，但还是会导致内部的沟通协作问题。因此，哪怕是资深管理者或者专业 HR 设置的目标，也不一定能确保组织里不会出现沟通问题。

那什么才算沟通层面的"好目标"呢？

从管理者的角度来说，一个好目标需要满足下面三个条件。

第一个是战略清晰。管理者应结合内外部环境、长短期重点，确保目标的设定符合公司的战略定位和长期收益。如果战略不够清晰，员工做事的方向就无法明确。

第二个是目标难度适当。管理者都想制定有挑战性的目标，但要注意团队对达成有挑战性的目标的信心指数，以及团队是否有合理的资源支持。巴纳德说："组织的生命活力，在于组织成员贡献力量的意愿，而这种意愿要求这样一种信念，即共同目标能够实现。如果在进行过程中发现目标无法实现，那么这种信念就会逐渐削弱并降到零。这样，组织的有效性就不复存在了，做出贡献的意愿也将随之消失。"

第三个就是团队协同。在核心目标下，团队之间的子目标要有向上的一致性，各方工作重点在最大程度上指向战略重点。而这一点正是许多管理者的盲区，也是对团队协作沟通影响最大的因素。

要想让团队之间的子目标指向同一个战略重点，仅靠管理者是不够的，组织中的执行层也要参与目标制定，为管理者补齐视角。前面提到的一年 1 亿元营收和 3000 万元利润的目标，其实是符合公司的战略意义的。但当执行层朝着这个目标去努力时，会产生很多矛盾和沟通问题。因此，哪怕是执行层，也需要对目标进行有效思考，而不是埋头执行，否则，为后果买单的还是执行人员自己。

具体来讲，作为执行层，你可以先"从里到外"对目标进行核查。

你先要核查的是：完成目标是否需要别人的支持，如果需要，对方的目标是否涵盖了这些支持事项。你从个人视角去核查这一点，其实就是在帮上司反向确认，不同团队之间的目标是否有冲突。

举个我在做咨询时遇到的例子。公司今年的目标是增加营收，拆解下来是确保老用户更多复购，新用户更多购买。再拆到增长团队叶总监这里，他的目标是新订单量增加 1 万。叶总监经过计算，再将目标分解为：在预算不变的情况下，投放部门获取的新用户数量从 200 万增至 250 万；产品部门将新用户下单转化率从 20%

提升到 22%。

这样，50 万名新用户 ×2% 下单转化率 =1 万个新订单。

叶总监觉得，这样的目标拆解，对公司的目标是有意义、有价值的，而且看起来既有一定挑战性，也不是遥不可及的。这样把目标一拆解，投放部和产品部就可以分头去努力了。投放部和产品部领到目标之后，虽然也感受到了压力，但觉得努努力，还是有希望完成的。于是，目标就顺利设置完了。

但干着干着，问题就出现了。

产品部越干越觉得不对劲，他们发现，无论怎么努力，转化率都没什么大提升，有时候甚至还不如去年。100 个新用户里，原来能有 10 个人下单，但是现在能有 8 个下单就不错了，转化率不仅没升，还降了不少。产品部试过很多方法，情况都没有明显改善。

叶总监心里也很纳闷，怎么产品部干得还不如去年。产品部知道上司对本部门不满意，压力也越来越大。

但好在经过一轮轮分析和复盘，产品部终于追踪到了问题所在。原来，投放部虽然吸引来了更多的新用户，但是这些新用户的质量比不上之前用户的质量，这些用户的下单意愿特别低，因此产品部的转化率才一直上不来。

于是，产品部就来找投放部沟通，希望投放更精准。但投放部的人根本顾不上这些，他们为自己的目标忙得焦头烂额。投放部的人甚至非常理直气壮地说："上司要求我们在预算不变的情况下拉来更多新用户，那就意味着单个用户获取成本降低，质量下降一些不是正常情况吗？我们虽然也很希望这些新用户有更多的购买行为，但毕竟购买转化不是我们的目标。"就这样，一来二去，两个部门始终谈不拢。产品部觉得投放部不讲道理，没有团队精神，投放部也觉得产品部要求太多。

事实上，在这种情况下，无论怎么沟通，两个部门都不可能谈拢。只有产品部发现问题出在目标设置上，并跟叶总监沟通，才有可能解决问题，否则只是白费力气。

最后，在我的建议下，产品部拉来了叶总监，叫上了投放部，一五一十说清了现在存在的目标设置问题，以及对部门工作的影响，并建议让投放部开始关注转化率，把 1 万的新订单量作为两个部门的共同目标。叶总监听到产品部的反馈后，才意识到，自己做的目标拆解，看似合理，却忽略了协同的重要性。这不仅导致了产品部和投放部的沟通问题，还让自己对产品部产生了误解。

因此，在设置目标时，我们首先要"从里到外"核查，明确自己要完成的目标是否需要别人支持，以及对方的目标中是否也有这个事项。这也是在帮上司确认在团队协作方面，双方的目标是否一致。

确认这一点之后，你还可以"从上往下"继续思考：既然目标不是50万名新用户或2%的转化率，而是1万个新订单，那是不是可以通过100万名新用户×1%转化率提升来实现？将被拆解的目标还原到上一级，可能会产生更容易协同的解决方案。

总之，只有把目标设定好了，组织中的沟通才可能更顺畅，这不仅是管理者需要解决的问题，也是组织中每个人都要思考的问题。

> **OS** 从里到外，从上往下，这样在核查目标时就有具体的方向了，我下次要试试看！

第 四 节

原来我的工作
对公司有意义

OS 又要开全员大会了，真烦，上司说的那些话跟我有
什么关系？我就是一个普普通通的打工人、"螺丝
钉"。公司的发展方向和愿景听着倒是挺振奋人心
的，但是开完会，我不还是得每天面对那些杂七杂
八的工作，既看不到自己的价值，又看不到对公司
的意义。如果开全员大会宣布涨工资、发奖金，倒
是值得听！

在任何一家公司里，都会有下面这些人的身影。

- 在公司活成了"小透明"，存在感不强，价值不高；
- 只要不影响自己的利益，从不关心公司目标和团队
  发展；
- 坚决反对"拿着打工人的钱，操着管理者的心"的工
  作心态。

有这种工作状态也并不让人感到意外，毕竟公司的目标和发展方向常常过于宏大，普通员工确实很难与其建立具体、直接的联系。如果把公司看作一个人，我们每个普普通通的打工人可能只是其中的某个神经末梢。当公司设置了一个目标后，能否刺激、调动身体里的每一个神经末梢，不仅对目标能否达成至关重要，也会实实在在地影响这个神经末梢在公司里的感受与发展。

那如何将自己的具体工作和公司的大目标联系起来呢？

这个问题看起来复杂，解决起来却没那么难。还是回到那句话：一组织里需要人人贡献价值、人人贡献于目标。只要这个人在组织里，那他的目标就必然和组织目标有关联，我们要做的只是张开眼、打开心，去关注公司的目标，找到个人目标与公司目标的关联。如果像 OS 中说的那样，不关心公司的大目标，那就谈不上找到关联了。

退一步说，一个人如果怎么都看不出个人目标和公司目标的关系，那么可能就要有紧迫感了，要担心哪天会不会遭遇裁员。说一件你可能没有留意到的事情，一家公司在裁员的时候，很少会裁公司领导的助理，公司领导的助理是个看起来跟公司目标没什么直接关系的支持性岗位，但为什么公司很少裁公司领导的助理呢？这是因为，助理的作用是帮公司领导省时间，公司领导的时间对公司实现目标有很高的价值，公司助理帮领导节省了时间，因此贡献了比人们想象中更高的价值。

还有公司里的客服、财务、人力等支持性岗位，其工作与公司目标似乎并不直接挂钩，因而很容易脱节，这些岗位上的员工很容易看不到自己工作和公司目标的关系。但其实这类岗位的工作也与公司目标有关系，这些岗位的员工也在贡献自己的价值。

以客服为例，客服一般都是以客户满意度为目标，客户满意度又会影响复购率，进而影响公司营收目标。客服工作做得好，也是为公司目标间接做了贡献。HR岗位的价值就更明显了，HR需要时刻关注各个团队的人才储备，如果公司定下了更高的目标，那HR就得关注这个岗位的员工能力是否足够，能不能帮助公司完成这个目标，需不需要储备更合适的人才。

财务也能对公司业务目标做出贡献。已故的凯迪拉克总经理德雷斯达特曾说："每个笨蛋都懂得遵守预算，但是在我这辈子见过的企业管理者中，只有极少数能拟出值得遵守的预算。"即便是职责上仅需要遵守预算的财务专员，若是在做好日常工作的同时能关注公司的重点业务方向，主动检查预算是否配比合理，那么他所做的贡献也能超出很大一部分人了。

再以新媒体运营这个岗位为例，很多公司这个岗位上的工作人员可能都在运营公众号、抖音号、小红书等新媒体账号。如果是在公司业务范围内做运营，那么这个岗位的工作跟公司"日活达到100万"的目标也是有关联的。若是在外部平台做账号的人，那么其工作跟公司目标有什么关系呢？对此有时候新媒体运营部门的领导都很难说清楚，可能只是每年批点儿预算，把账号做一下，增加些粉丝数和互动数，并没有跟公司业务更贴近的判断标准。在这种情况下，新媒体运营岗位上的人离升职加薪就越来越远，离裁员则越来越近。那怎么扭转局面呢？他们只能想办法让自己的工作对公司目标的达成有贡献。

比如，公司会在社交媒体平台上做投放，扩大品牌影响力，获取能够使用公司产品的新用户，这对公司的目标是有意义的。作为新媒体运营人员，你就可以思考，自己在做的这些平台的新媒体运营工作，其实是可以帮助公司降低获取新用户的成本的。降低成本就比增加粉丝离公司的目标更近，也更有价值。

我之前公司里合作过的新媒体运营同事，有一次跟别人说："自从怡静跟我们部门讲了我们的工作产出和公司目标的关系，我终于感受到我做的事情对公司来说是有价值的。"很多人以为我能获得跨部门支持的原因是我很擅长人际沟通，其实原因是我知道"共识目标"的力量。

彼得·德鲁克说过："一个组织就像一部美妙的乐曲，不过，它不是单个个人的音符罗列，而是由人们之间的和声所谱成。"要想和声优美动听，组织中的每个人就需要统一目标，就算是与公司核心目标并不直接挂钩的人，也要找到自己与公司目标的关系，并据此确认贡献于目标的方式。

OS 我以前只想过自己的目标和部门目标的关系，没想过也觉得没必要想它跟公司目标的关系。没想到这件事情这么重要！

本章小结

这一章，我们主要从目标入手，来拆解组织中的沟通问题。这个看似绕远却更触及本质的方法，需要管理者与普通员工共同努力。管理者需要考虑目标的一致性，及其对执行者沟通协作的影响，而不是出了问题就武断地责怪下属。普通员工也要懂得挖掘问题的本质，为管理者补齐视角。有些问题虽然表面上是沟通问题，但背后其实是组织目标设置不当。

我们在理解自己的目标时，需要将其放在"上下左右"的关系中思考，弄清楚自己的目标与公司、与上级、与平级、与下级的目标之间的关系。工作中的沟通，都是发生在具体关系中的，如果你没有在组织目标的关系中找到自己的位置、理解他人的位置，那么沟通就会遇到很多问题；如果能充分理解自己的目标和他人目标的关系，那沟通就有了"锚点"，自然也会顺畅许多。

- ✓ 当跨部门沟通不顺畅时，我能够识别其背后可能的目标冲突。
- ✓ 遇到目标不统一的问题时，我能够通过设置优先级和决策流程来解决。
- ✓ 理解好目标的三个条件，能够用"从里到外"和"从上往下"的方式检验。
- ✓ 学会用"共识目标"的方式调动组织里的神经末梢，让更多人了解其工作的意义。

认知反思

旧认知：帮同事担责就是卖人情，下次合作好说话。
新认知：

旧认知：隔壁部门总监真差劲，跟他完全合作不了。
新认知：

升级进度

40%

第三章 组织的目标

第四章

"他"的问题

升级目标：操作系统升级

× 在职场里千万要谨言慎行，同事都等着背后"捅"你呢。

× 我同事能力都不行，总听不懂我说的话。

× 跨部门合作的时候，最重要的是让上司看到我干了什么。

引　言

你可能听过这样一句话：人类的悲欢并不相通。这句话出自鲁迅先生的《而已集》："楼下一个男人病得要死，那间壁的一家唱着留声机；对面是弄孩子。楼上有两人狂笑；还有打牌声。河中的船上有女人哭着她死去的母亲。人类的悲欢并不相通，我只觉得他们吵闹。"这段话说的是，身处不同处境，人很难真正做到感同身受。

这个道理在工作沟通场景中同样适用。在人与人的沟通中，我们总想了解对方的品性、偏好，试图让沟通更容易些。但看不透的伪装、弄不懂的人心，却似乎总是让这种愿望落空。

在本章中，我们就迎难而上，借助一些具体的沟通问题，来介绍我们沟通的对象。如果说前文中的内容介绍的是"目标"，是从"事"的维度来解决沟通问题，那这一章我们则是从"人"的维度入手。虽然本章介绍的是"人",但我们不揣度人心,我们介绍的仍然是"组织里的人"。在组织里,人的行为有了逻辑框架,从而一切都有章可循。

第 一 节　　　　　　　　"那个人啊，真的
　　　　　　　　　　　　　　　很难评"

<blockquote>
OS 这个人怎么什么工作都不配合啊，还老给我使绊子，也太坏了！而且手段也不高明，他这样给我挖坑，我肯定会知道啊！他肯定也有需要我支持的时候，这次把我得罪了，下次可别想我能支持他！
</blockquote>

在沟通中，我们害怕遇到别人无能，更害怕遇到别人使坏，要是遇上一个既无能又爱使坏的人，那可以说是中了沟通中的"头彩"。无论是"直接反击，硬碰硬"，还是采取回避的态度——"惹不起，躲得起"，都不利于团队协作。不仅如此，一旦遇到这种人，我们会经常忍不住去揣测对方的动机，最后搞得自己心力交瘁。

遇见这种人到底要怎么办呢？

在介绍具体方法之前，我希望你先思考一个问题：对方到底是无能，还是故意使坏，或是二者兼有。关于

这个问题，你有没有答案？我们先假设一个你心里期待的答案：这个人爱干蠢事、爱使坏。

但怎么去验证这个答案的正确性呢？其实，无能的人不会觉得自己无能，坏人也不会承认自己坏，你可能永远也无法验证对方说过或做过的一件事，到底出于什么心思。比如，你希望对方支持你手头的一个项目，但他始终没有给你一个积极的回应。你可能会想：他八成是知道这个项目做成之后，我更有可能比他早一步晋升吧。但你能验证这个想法的真伪吗？除非他亲口承认，否则你怎么能够确信自己的判断是对的呢？事实完全有可能是另一个样子，他只是个不善于解释的人，自己的工作量已经超负荷了，想着"等等看吧，能支持就支持，不能支持就算了"，因此始终没给你清晰的回应。这最多算是沟通不够及时吧。

但如果你心里选择了自己的判断，那么你可能不会再跟他继续沟通、争取他的支持，而会默默把这份不快记在心中，甚至等到他向你提需求的时候，以牙还牙，也不满足他的需求。这样协作下去，你很可能"喜提"一个"剑拔弩张"的工作环境。

因此，在沟通中揣测对方的动机，并没有什么意义。那什么才是有意义的呢？放弃诛心式的假设，直接诉诸需求和行动。也就是说，不要再去想对方是无能，还是故意使坏，而是直接说明你有什么需求，需要对方采取什么行动。

曾经有个同事想让我支持他做一个项目，但是我一直没答应。这个项目不在我的目标里，而且我判断对公司目标来说，这个项目的收益十分有限。但是这个同事认为这个项目对他特别重要，他不理解甚至怨恨我始终不同意支持他。类似的情况发生过几次，至少在他眼里，我应该是个"坏人"。

在一次会议上，我坚持无法提供对这个项目的资源支持，他觉得我在针对他，于是在会上对我发火了。当一个人愤怒时，他就会不自觉地找对方身上能被攻击的点，比如，他问我："为什么你支持别人的项目，不支持我的？我的项目哪里不好？"我说出理由后，他又开始攻击我的判断力。就这样，他在会上抱怨了半小时。

眼看一个会议成了巨大的情绪罐，我能做什么？第一，我不可能解释自己是个好人；第二，我没办法用逻辑说明这是我对资源投入的合理判断。因此，在会议的最后 10 分钟，我基本上只重复说一句话："写清楚你的诉求和理由，把这件事情提请更高层决策。"

其实，吵架只是预设对方不好的极端表现，也是在沟通中大家都想避免的行为。很多人在吵架后，常常会觉得自己没发挥好，甚至还会复盘，觉得自己换个方法就能吵赢了。结果，他们下次遇到类似的情况，还是吵不赢。这是因为在吵架的时候，他们眼里都是对方，想找到对方的弱点，好去反驳、攻击，这样争论只会沦为情绪攻击。甚至当和对方吵起来的时候，他们还会进一步验证对方就是无能爱使坏，让自己陷入循环论证的怪圈：因为觉得对方无能爱使坏，所以更容易吵架；一旦吵架，就更加觉得对方无能爱使坏。但如果我们只诉诸需求或行动，问题其实会更加容易解决。

比如，有一次我的家人购物时遇到商品有质量问题，于是找卖家沟通退款。对方找各种理由推脱，我的家人不得不一一反驳，指出这些理由没有道理。但没想到对方一个借口接着一个借口，我的家人越沟通越生气，气愤地说："你们怎么能这样呢？你们讲的这些根本没有道理。"我听到之后，马上把电话接了过来，无论他说什么理由，试图说服我们接受什么其他方案，我都只是重复我的诉求——退款。你不退，我就找平台，平台处理不了，我就投诉。我的诉求只有一个，就是退款。最后我帮家人顺利完成了退款。如果我一个一个去反驳卖家给出的理由，那么就会陷入无限循环的争论，在这个过程中只会产生更多的负面情绪。

在工作中也是如此，后来我和那个跟我吵架的同事又有过沟通协作，只不过那次是我要争取他的资源支持。我并没有假设他可能会有的心理活动或者针对我的负面情绪，只是讲清楚我的诉求和理由，虽然他也提出了一些反对意见和顾虑，但因为我的诉求和理由非常清晰、合理，所以他最后也提供了我所需要的资源支持。

很多时候，当我们提出一个诉求时，肯定有自己觉得很合理的理由，但如果我们因想让对方认同自己的理由而代入情绪，那只会把问题复杂化。因此，我们既没必要预设对方动机，也没必要让情绪占据上风，去逐个反驳对方的论点，只需要把诉求说清楚就好。在沟通中，更突出沟通议题这个客体，而不是过于在意沟通双方这个主体，往往能减少干扰，让沟通更加简洁、高效。

> **OS** 这样想来，我其实也预设对方"动机不纯"了，难怪那么容易陷入恶性循环，下次还是试试诉诸需求和行动吧！

第 二 节　　　　　　比人格测试更好用的
识人沟通技巧

OS 我这个同事要求可真多，跟他一块做方案太累了，总爱抠细节，都改了那么多遍了，还要继续改，明明这个方案已经挺好了啊！下次可再也不跟他合作了！也不知道他的 MBTI 是什么。

你做过 MBTI 测试吗？你属于哪种 MBTI 人格？

比较流行的 MBTI 测试的背后，其实是人们想要了解自我和他人的愿望，以至有些人在工作沟通中，也会使用这个工具。毕竟我们每个人都有不同的性格，也有不同的沟通风格，如果在沟通时，我们能识别对方偏好的沟通方式，整个沟通过程就会更加顺利。

就拿 MBTI 人格来说，其实，在工作中跟大家熟悉的 I 人（内向的人）、E 人（外向的人）比起来，我觉得 S 型人格（实感型的人）和 N 型人格（直觉型的人）的分类更加好用，S 型人格注重细节，更喜欢具体，N

型人格则更加喜欢抽象和理论。我就遇见过两个风格完全不同的设计师。一个设计师非常注重设计的细节，同事给他提的修改要求，他都能很好地一一完成；而另一个设计师，别人给他提了四点修改要求，他可能完成了其中一点，反而额外修改了对方没提的地方。

对比这两个设计师，很多人可能偏向第一个设计师，觉得他更好合作，能满足自己提出的要求，而另外一个设计师则不怎么靠谱，太固执己见。但实际上，两个人只是风格不同。第一个设计师可能属于 S 型人格，更加注重细节，喜欢具体，因此对方提出的具体修改要求，他都能完成，而且细节也修改得很好；第二个设计师可能属于 N 型人格，虽然对方提出了四点修改要求，但他可能是把其中几点要求抽象成了第五点，他觉得把第五点修改了，才能解决那几点要求里的问题。这并不能说明 N 型人格的人比 S 型人格的人不好沟通。

就像内向的人和外向的人并没有什么优劣之分，具象和抽象、感性和理性，或者其他的人格类型、沟通风格，也都没有高低差别。因此，我们不用对不同类型的人做出优劣判断，只需要对不同风格的人采用不同的沟通方式。当我们识别了对方的风格偏向，也就找到了和他们愉快和高效地合作的钥匙。比如，在希望了解前情或讲述细节的时候，我会请 S 型人格的同事担当主角；在我脑子里有些散乱的想法时，我会找 N 型人格的同事来讨论，厘清逻辑。

这里也给大家介绍一个之前我在领英工作时用的工具——动态五力（Dynamic Five）①，相比于MBTI，它更考虑每个人的职业优势和工作场景。这个工具把人的风格类型分成四类，并给出了相应的沟通建议。

第一类是人际型。

人际型的人通常能在与人交往中获得能量，如果一个人在发邮件时，喜欢上来先问候，问你最近过得怎么样，听说你们部门的项目做得挺不错，等等，那这个人很可能就属于人际型。与人际型的人沟通，最好先回应这些问候，建立好的交流环境，再谈具体工作。

第二类是结果型。

结果型的人在回复邮件时，喜欢直接说事，一般不会过多开启与要讨论的事无关的聊天。我就属于结果型的人，如果有人来找我谈合作，我会先判断这次的合作能不能有一个好的结果。结果型的人一旦确定了目标，就会尽力达成最好的结果。

① 动态五力这一工具把人的风格类型分为四类，这也是人的初始风格，使用这一工具的人着力调动的即为"第五力"。——编者注

无畏沟通

第三类是审查型。

审查型的人非常看重逻辑和条理性，也很在意过程的正确性和逻辑性。如果他们来找你讨论一件事，那做这件事的每个细节，以及各个链条的逻辑关系，你们必须讨论清楚，否则，这个沟通对他们来说就很痛苦。

第四类是脑洞型。

脑洞型的人喜欢贡献想法，当他们的想法被你认可时，他们就会成为你最好的合作伙伴。如果他们提的一个想法被你忽略了，那他们可能就不太愿意跟你合作了。在和脑洞型的人沟通时，可以多肯定他们的想法，多鼓励他们。比如，对他们说："如果还有更多想法，我们可以再一起讨论。"哪怕这是句客套话，他们听到都会很开心。他们相信会有更多好想法让项目获得成功。

很多沟通上的障碍，其实都源于人们沟通风格的不同，如果我们能识别对方的沟通风格，并有意识地采取让对方更舒服的方式，沟通就会事半功倍。

比如，如果一个人际型的人收到一封结果型的人发来的邮件，这封邮件上来就说事，直接忽略了人际型的人在开头的问候，那人际型的人很可能觉得结果型的人没礼貌，不尊重人。后续二人可能就会产生一系列沟通问题。但如果结果型的人在发邮件时能多几句问候，那么后续沟通就能顺利很多。

再比如，我的同事是一个审查型的人，他在给我发邮件时，喜欢把他要沟通的事情，分条列清楚，让我逐一回答。但是我在回邮件时，可能就把第一点和第四点归为一类，归纳成一个问题来回答，有时甚至会忽略邮件中的某一点，因为我觉得这一点对结果并不重要。结果这个同事很郑重地跟我说："你能不能按我列的点一个一个回答我，不要多，也不要遗漏，你可以补充，可以调顺序，但不能遗漏，不能你觉得第二点不重要，就不回答我了。"我发现自己确实不太了解他的感受，了解之后我感觉应该换个让他更舒服的方式来沟通，而不是用我认为的更高效的沟通方式，这样才能让项目顺利推进，有个好的结果。

我们识别对方的人格类型和沟通风格，并不是为了评高低，也不是为了找同类，而是为了让沟通更加顺畅。因此，虽然 MBTI 测试和 Dynamic Five 各有利弊，但都可以用来帮助我们理解人的不同，抛掉自己的傲慢，在意对方的需求。我们要相信人有不同，但并无高低，这样才能在沟通中多一些方法，多一些空间。

OS 嗯……人有不同，但并无高低。可能我的同事也只是想精益求精，毕竟这方案这么重要。这样一想，跟他合作还是挺好的，至少不用担心他不负责任。

多说"为什么",
少说"怎么做":
更平等的沟通姿态

> **OS** 最近隔壁部门换了个新的对接人,真的好麻烦!我的诉求已经很清晰了,连他需要做的步骤都列清楚了,结果他还是做不到位,还一直问为什么要这样做。我又得从头跟他解释。他做的就是一个支持性岗位,不知道哪里来的那么多问题,直接按我说的做不就好了吗……

有一次我去一个闺密家吃饭,她和她老公在做一道叫作双椒蒸鱼的菜,做法是将青椒和红椒分别放在鱼肉上,然后上锅蒸。我这个闺密不怎么做饭,一般家里做饭的都是她老公。但那天要做的菜比较多,我们三个人就都在厨房忙活,闺密的老公让她帮忙摆一下鱼。但闺密一边摆,她老公一边纠正:"这个地方应该放红椒鱼片,那个地方应该放青椒鱼块。"我闺密就有点不耐烦地问："是不是红的跟红的摆一起，绿的跟绿的摆一起？"她老公说不是，应该要分鱼片和鱼块。这时候我闺密已经很不耐烦了，又说："那我先摆红色鱼片，再摆红色鱼块，然后是绿色鱼片和鱼块？"她老公又说："不对，这个鱼块不能放在角落。"

眼看着他们两口子之间的火药味越来越浓，我赶紧问闺密老公："你是不是觉得蒸锅的不同地方火力强弱也不同，鱼块要放在火力强的地方，鱼片要放在火力弱的地方？"闺密老公急忙附和："对对对！"我闺密这才明白，她老公的摆盘方法背后原来有一套烹饪逻辑。

这种沟通场景，其实在工作中也十分常见。一方觉得自己怎么说对方都好像听不懂、做不到；而另一方呢，明明已经尽心尽力了，却总是理解不到位，被否定。这种沟通错位的问题其实非常好解决，只需要表达的一方做到一点：多说为什么，少说怎么做。也就是多去解释背后的原因、原理，提供更多的背景信息，帮助对方理解，少说具体的操作步骤。除非你能把自己的想法变成一张详细的操作图纸，否则跟你协作的人是很难领会你的意图的。另外，在你解释原因之后，说不定对方能给出比你设想的方法更优的解法。比如，如果闺密老公一开始就能告诉她，摆盘背后的逻辑是鱼块和鱼片要分别放在火力强、火力弱的地方，这样才不会出现鱼片已经老了、鱼块还没熟的情况。同时考虑蒸完就可以直接上桌了，红绿分开比较好看，那么闺密完全能自己判断红椒鱼片或青椒鱼块的具体摆放位置，她老公无须纠正那么多次。

更重要的是，说"为什么"和说"怎么做"，背后体现的是不同的沟通姿态。

说"怎么做"更像是上对下的指导姿态，上司告诉下属应该怎么做的时候，常常就是直接说怎么做。说"为什么"则是一个更平等的沟通姿态，你不可能对你的上司说"你就这么做，别问为什么"，你肯定要把行为背后的原因和逻辑解释清楚。同样地，如果你跟协作的同事只说"怎么做"，不说"为什么"，难免会显得你颐指气使。

实际上，无论是对上级、对平级、还是对下级，我都建议你采用多说"为什么"，少说"怎么做"的沟通方式。因为说"为什么"是一种解释性劳动，在通常情况下，低位者会付出更多的解释性劳动，高位者会付出更少的解释性劳动，所以当一个高位者愿意付出解释性劳动时，他就会显得更尊重人，为自己加分。对平级、对上级，也是如此。就像 OS 里提到的，虽然已经跟对方讲了操作步骤，但对方还是做不好，而且在询问这样做的原因，这就说明对方其实并没有真的理解，哪怕是对支持性岗位，多耐心解释原因，双方的沟通协作也会更加顺畅。

记得在领英时，有一次我对上司的决策不太理解，于是就单独跟他沟通，表达了我对这个决策的疑惑，我觉得就业务发展的情况来看，应该选方案 A，我不太理解为什么选择了方案 B。上司非常耐心地介绍了跟方案 B 有关的业务背景、美国总部的规划，以及总部对中国业务的期待。在他解释之后，我才充分理解了方案 B 确实是更好的选择，后续我带着团队推进方案 B 时，还能结合更多信息做出具体判断，效果也很理想。

后来我在做决策时，会更注意多给团队成员讲背景和原因，帮助他们理解，团队成员不仅能够更坚定地执行所做决策，还不时有超出预期的表现。对跨部门合作的同事也是如此，哪怕需要支持的动作十分具体，我也会尽量讲清楚原因。

在美国商学院学习时，有一门讲给非技术出身管理者的沟通课，课上教了我们一个产品开发过程中"为什么开发这个功能"的小纸条。我想这个小纸条也很适合作为这个沟通方式的延展。具体来讲，我们在讲为什么，或者说提供背景信息时，可以从下面的 3 句话入手。

- 扮演一个什么角色（As a role），
- 我想要一个什么功能（I want a feature），
- 会带来什么好处（which benefits）。

这里的"我想要一个什么功能"通常就是大家会直接沟通的"我希望做什么"或者"我希望你帮我做什么"中的"什么"。而"作为一个什么角色"和"会带来什么好处"就属于对背景信息和原因所做的介绍。

比如，产品经理想设计一个功能，在跟技术同事沟通时，列了一个很详细的需求清单。

- 第一条：当用户单击 ×× 处时，弹出 ××；
- 第二条：在 App 的 ×× 位置，设置 ×× 按钮；

……

看了这个需求清单，技术同事只能按你设定的路径做。如果在这个过程中遇到什么问题，他也只能问你，自己无法做出判断，也没办法发挥。但如果你说清楚，这个需求是针对新用户的（as a role），他们登录之后，能更快熟悉 App 内的某个常用功能（which benefits）。这样技术同事就能知道设计这个功能的背景和目的，在做的过程中，他就能发挥主动性，甚至会发现更好的实现方式。

认识到讲"为什么"的好处，以及掌握一些小技巧，你会慢慢发现，团队和同事好像越来越能理解你的想法，越来越多地支持你的工作，大家能够共同把想做的事情做到更好。

> **OS** 原来讲"为什么"竟然是更平等的沟通姿态啊。我原来以为直接讲诉求是更简单、高效的沟通方式，没想到这样做有时候反而会带来一些麻烦！嗯，我下次一定要多说"为什么"，少说"怎么做"！

第 四 节 　　　　　　　　　情绪的钥匙，
　　　　　　　　　　　　　　　　解沟通的锁

OS 怎么办啊，我们又要和那个部门合作了，他们本来
就对我们有意见，老觉得我们部门能力差，拖后
腿，这次合作他们肯定又要挑三拣四了，真是让人
战战兢兢、如履薄冰，怎么处理他们的这种不满情
绪啊……

在工作中一提到情绪，我们往往会把它定义成负面
的，总希望大家都是理性的人，不要把负面情绪呈现
给同事和上司。这当然可以是对自己的要求，但是如果
你发现和你相关的同事或团队成员已经表现出了负面情
绪，那该如何处理呢？

很多人还是会选择视而不见，毕竟这确实是对方应
该努力解决的，而且隔离情绪、只处理客观事情也是很
高效的方式。但我想告诉你的是，如果比较重要的沟通
相关方已经陷入情绪之中，有些时候先处理情绪问题，

特别是积累性情绪问题，再沟通事情，才能事半功倍。

我们现在看看什么是积累性情绪。

最常见的就是员工的长期焦虑情绪。

比如我的团队里有个员工特别容易焦虑，特别是当上司指出她的问题时，她就会情绪崩溃，她知道是自己没达到上司的期待，也没处理好压力。她的上司也很无奈，觉得自己只是客观理性地指出问题，不知道她怎么就变成了这样。

她的这种焦虑就属于积累性情绪，于是我跟她的上司说："我能理解你想让她的工作表现更好，但她现在有很多积累性情绪，缺乏安全感，这又会进一步影响她的工作表现，与其不断指出她的错误，让她更没安全感，不如先解决她的情绪问题，再讲工作问题。每个人的敏感度是不同的，如果你认可这个人的基础能力，希望帮助她成长，那就可以考虑先肯定她做得好的部分，再提示她需要改进的部分。"

在她得到上司的更多认可、提升了安全感、焦虑情绪缓和之后，她的工作表现果然也慢慢地改善了。

另外一种积累性情绪是跨部门合作时的不信任。

比如 OS 里提到的就属于这种类型的积累性情绪。我在给一家企业做咨询时也遇见过类似的情况。当时有两个部门总是协作不好，销售部一直对市场部的能力和表现有怨言，觉得市场部经常拖后腿。有一次，两个部门又要合作一个新项目，市场部负责这个项目的对接人（我们暂时管他叫"史常"）知道两个部门之前一直协作不好，这次就对销售部的要求做了不少妥协和让步，比如过度占用人力，导致市场部其他人开始有了怨言。两个部门都因为这次不愉快的合作找到了我。

在一般情况下，我们会觉得史常胳膊肘往外拐，不顾部门人员安排是否合理，一味退让。但面对销售部已经表现出积累性情绪的状况，我认为先解决情绪问题是正确的选择。当双方的信任是负值时，可以适当地用妥协的方式重建信任，有的时候重建信任确实需要付出一些代价，其实这也是沟通的成本。如果始终不去处理对方的不信任情绪，而是期待大家每次都能就事论事，后续的沟通成本或许更高。

我在肯定史常的做法之后，又找到了销售部的负责人，告诉他要意识到这次市场部的妥协是在为之前的信任负值买单，但这并不代表销售部提出的要求是合理的，我们不能期待下次对方还做出妥协。如果这次妥协没有换来合作部门态度的改变，或是以后默认过度占用人力是常态，那未来双方的长期合作肯定难以为继。在这次合作之后，两个部门的关系有所好转，沟通协作也顺畅了许多。

因此，在沟通中，如果对方已经陷入情绪，特别是积累性情绪，那最好还是先处理情绪，找到解决对方情绪问题的方法。怎么才能找到呢？可以根据具体情况，明确对方的具体情绪诉求。如果对方缺少安全感，那就多肯定，少指责；如果对方缺少信任，那就可以考虑短期妥协，重建信任；如果对方对你有些怨气，那你也可以通过有针对性的沟通方式，解开对方的心结。

比如，我在一次升职之后，和原来的上司成了平级，后来又因为一些工作上的事情对他产生了误会和心结，总感觉他对我的态度越发不满。我试着调整沟通方式，但好像收效甚微，甚至有些同事都看出我们二人之间微妙的关系，跟我说："你俩这关系很难缓和了。"我想着解释些什么，但又说不清具体是什么问题或误会导致了如今的情况。其实和之前的案例一样，有时候积累性情绪是很难通过双方就事论事来回归良好状态的。

但我还是决定和他当面聊一次。我没有聊工作里的任何一件事情，只是提起他曾经对我的一次帮助。有一次我在公司突然胃痉挛，是他开车送我去医院的。看我疼得厉害，他把车开得飞快，原本 15 分钟的路程，他不到 10 分钟就开到了。虽然我当时表达过感谢，但我再次回忆了当时的细节并郑重地感谢了他，也感谢他过去在很多事情上对我的帮助，这些我一直记得。当我表达完这些后，我似乎看到他的很多情绪在慢慢消解。我所说的都是我真心想表达的，但是在那样的情况下，我选择了重点表达。假设我一脸委屈，问他到底哪里不满；假设我就事论事，说这个合作你能不能支持，结果肯定不会是后来那样。顺便提一下，从那以后，我们在工作中合作得越来越好，到现在都是很好的朋友。

不要猜测对方是否存有坏心思，这是为了避免自己情绪上头；诉诸需求和行动，这是在情绪之外寻找理性解决方案的方法。在一些情绪长期累积的场景下，先解决情绪问题是让沟通事半功倍的更优选择。每个人的性格不同、看问题的视角不同、情绪敏感度不同，每个沟通场景的前情也不同，但无论面临何种情况，最重要的是对人的尊重。

> **OS** 先调整情绪？有道理！对方部门对我们也应该有积累性情绪，我也可以先调整情绪，想想先怎样获得对方的信任，打消他们的顾虑，再开展具体的工作。

第 五 节　　　　"有肉吃"是硬道理

OS 又要去找同事要资源、要支持了，每次都很发愁。姿态低了不行，姿态高了更不行，到底怎样才能打动对方啊！世界上有没有不需要沟通协作的工作啊，争取别人的配合真的好难！

在前面几节，我们讲了很多理解沟通对象的方法，有些能化解矛盾，有些则只能不制造矛盾。除此之外，在工作中，我们还需要说服对方，获得对方的支持。促成双方合作的关键因素到底是什么呢？看过上一章的人可能会说："有共同的目标。"实际上，虽然目标不一致可能导致沟通问题，但目标一致并不意味着双方就能紧密合作，它只是获得对方支持的必要不充分条件。

如果我们想和其他部门的同事紧密合作，那就需要做到利益共享，风险控制。

利益共享很好理解，双方利益一致了，自然劲儿能往一处使。在一家公司里，各项事务无非围绕"人"和"事"两条线开展，但"人"也是围绕着"事"的，人们成事之后肯定希望得到奖赏，不可能只为他人作嫁衣。趋利避害是人的本能，在公司中，人们需要人人贡献价值，需要帮上司、部门取得好业绩，同样地，在跨部门协作时，每个职场人也需要帮对方获得更好的业绩和更大的利益。

有的人很可能并不在意公司的目标，只看重自己的利益，比如只关注那些对自己升职加薪有好处的事。因此，在跨部门争取同事支持的时候，我们不仅要目标一致，还要明白利益共享的原则。

在职业生涯早期，我习惯在事情做成之后再向身边的人说明利益分配和奖赏，我认为先得把活干好。但是后来我意识到，这样很难调动他人的积极性，有些人喜欢在干活之前先清楚自己能得到的利益。于是我也更多地将激励前置，让团队成员知道成事后大家会有什么收益。

那风险控制是什么意思呢？简单来说，就是别推卸责任。在任何一家公司里，你都不可能跟某位同事只合作一次。只要你推卸责任或抢功劳，以后你的工作将会更难推进。推卸责任和抢功劳都是非常不划算的生意，但很多人习惯先顾眼前，再想未来。而当下抢功劳、推卸责任带来的利益冲击又非常强，因此如果他们不时常提醒自己要建立长期的口碑，就很容易"功也抢，过也推"。

我之前就遇到一个同事，他很喜欢推卸责任，一出现问题，就先把自己的责任推卸干净，导致他在公司内部口碑不太好。后来他申请转岗到另外一条业务线上，这条业务线的负责人稍微一打听，就发现大家都对他有意见，最后就没批准他的转岗申请。

在跨部门合作时，"功不抢，过不推"是底线。如果在目标一致的前提下能做到"利益共享，风险控制"，那就更容易争取到他人的支持。

> **OS** 目标一致，风险控制，利益共享，就这三句话，我记住啦！以后再需要争取对方支持时，我就知道从什么地方入手了！

本章小结

————

　　在这一章，我们围绕沟通对象讲了很多内容，其实总结下来也就是 4 个字：求同存异。这里的"求同"说的就是追求共同的目标、共同的利益。如前文所述，如果我们预设了对方既无能又爱使坏，那难免会陷入自证的循环，不断寻找对方身上不好的地方，甚至想跟对方吵架，想说服对方，这样就是想改变对方的"异"，让对方认同自己。

　　但实际上，眼里只有对方，只想着说服对方的人并不强大，真正的强者都是多元而包容的人。

　　"通过 MBTI 等方式识人""找到处理对方情绪的办法"，底层逻辑都是告诉你要"存异"，要认识到人是多元的，每个人有不同的性格、不同的敏感度，我们要根据每个人的特点，采用不同的沟通方式。

　　理解人的多样性，尊重人的不同，是存异；改进沟通方式，付出实际努力，是求同。在沟通时，如果觉得对方有问题，我们就需要不断提醒自己上述内容。

✓ 揣测对方的动机是无效行为，强调自己的诉求才能有好结果。

✓ 越理解每个人的驱动力和沟通方式不同，越能和更多的人紧密协作。

✓ 协作时多跟对方解释"为什么"，而不是指导对方"怎么做"。

✓ 负面情绪有高阶应对方法，下策是对抗，中策是隔离，上策是安抚。

✓ 能做到"功不抢、过不推"，成功协作靠的是目标一致、控制风险、利益共享。

认知反思

旧认知： 在职场里千万要谨言慎行，同事都等着背后"捅"你呢。

新认知：

旧认知： 我同事能力都不行，总听不懂我说的话。

新认知：

旧认知： 跨部门合作的时候，最重要的是让领导看到我干了什么。

新认知：

_____

升级进度

55%

"我"的局限

升级目标：操作系统升级

×　哎，我能力真不行，怪不得上司总说我。

×　上司表扬我，我就能行，上司说我，我就不行，我到底行不行啊？

×　怪不得让我当他们的上司，我就是比他们强啊！

引　言

————

　　意大利画家莫迪利亚尼以画人物肖像为人所熟知，但他画的很多肖像画里面的人常常没有瞳仁，有时还一只眼睛睁着，一只眼睛闭着。据说，有人询问其中的缘由，他是这样回答的："人最大的劣根性，就是双眼都用来盯着别人和外部世界，难以自检。我们应该用一只眼睛观察周围的世界，另一只眼睛审视自己。"

　　在沟通中也是如此，发现别人的问题往往是容易的，认清自己的误区却很难。就像苏格拉底所说："人啊，认识你自己。"这或许是每个人要用一生来论证的命题。而认识工作中的自己、组织中的自己，也是贯穿我们职业生涯的终极命题。

　　在这一章，我们就把聚光灯打在自己身上，让我们一起想象对面坐着另外一个自己，试着去理解自己的行为，倾听自己的内心。

第 一 节　　　　　　"挨了批评好没面子"

―――――

OS 上司也太不给人面子了，怎么能在例会上批评我呢！我觉我没问题啊，是他自己没理解我这样做的合理性。而且就算我有问题，那个同事也不是全无责任啊，怎么光说我，不说他呢！

　　有一天我去一家餐厅吃饭，吃完之后，服务员按照惯例问我觉得味道怎么样，对菜品有没有什么建议。我就提了一下，某道菜口味有点重，可以再清淡一点。等我说完，服务员却露出一个很尴尬的表情，好像对我认真提建议的举动感到意外，并不是真的想听取我的建议。

　　这就是一种典型的无效沟通：沟通双方的信息并没有完成传递。当面对批评时，这种无效沟通则更容易出现。

　　我曾经收到一封来自下属的邮件，哪怕过了很多年，我仍然对这封邮件印象深刻。当时一个部门的负责人离职，上司让我接手这个团队的管理工作。我的管理风格和之前那个负责人的管理风格很不同，她非常温暖亲和，而我却比较严格犀利，因此新团队认为我厚此薄彼，对他们的态度并不公正，甚至有一位同事愤起直言，洋洋洒洒写了好长一封邮件给我。他的语气从一开始收敛着写"我想提一点想法和建议"，到最后怒气上涌，像是要指着我的鼻子说"你这样做有多么恶劣和不公平"。

你猜我看完邮件后有什么反应？我在读这封邮件的过程中也有不解，想辩驳，但在看完邮件之后，我反而是开心的。我想他的感受可能代表了当时那个团队里不少同事的想法，如果没有他鼓起勇气发出这封邮件，我不知道要对团队出现的巨大不信任问题后知后觉到何时。当然，从我的本心来说，并没有新老团队之分，但新老团队和我的信任基础不同、磨合程度不同，作为管理者的我，当时却没有充分重视这一点，没有意识到接手一个新团队需要做正常业务管理之外的很多动作，从而与新团队建立信任。

随后，我与新团队开了全员大会，直接提起了这封批评我的邮件。这时，我看到那位同事脸上的表情逐渐

第五章　"我"的局限

113

变得紧绷，他可能觉得我要在会上与他对峙，甚至报复他。虽然他看起来很紧张，但是又带着些"视死如归"的坚定。不过，我说道："我很感谢有人跟我直接反馈了真实的想法和建议，这样我才有可能做得更好。非常希望团队每个人都能跟我开诚布公地沟通，我也希望团队的每一个人都有成长和发挥空间，让我们一起把业务做好。"

在这次事件之后，我知道我对管理的理解更深了一层，处理复杂问题的能力也提升了，更重要的是，这好像为我打通了一个"批评—提升"的新反馈机制，也就是在听到批评时，不是想着怎么去反驳，而是去想自己有没有可提升的空间。我会有意识地去识别这个机制，甚至开始期待这种虽然第一感觉不太舒服，但后续收益很大的循环。

后来有一次跟同事聊天，他说："别人听到批评都会不高兴，觉得很没面子、很丢人，但你呢，听到批评后，反而看起来挺开心，你这种反应真的很违反天性。"我跟他说了这个正向循环，他说："我当然知道批评对自己是有好处的，但我还是没有办法第一时间就觉得这是好事。"当然，不是只有他这样想，我后来梳理了一套"强大内核，持续迭代"的反馈系统，帮助大家识别并摆脱几种受到批评时容易启动的错误模式。

一种错误模式是，"直插内心"型，即一听到批评就容易否定自己。

很多年前，我的团队里有一个非常优秀的实习生，她毕业后进了一家不错的大公司工作。按理说，她应该是很多人羡慕的对象。但有一天她突然跟我说，最近对自己特别没有信心，哪怕自己觉得工作表现挺好的，还是被打了低绩效，之后又经历了一轮大裁员，她在失去工作的那一刻，开始怀疑自己是不是真的能力不行，是不是以前取得的很多成绩都是因为运气。

在过往的工作经历中，她其实收到了很多认可，她也是很多企业争相争取的人才。但是，面对此刻来自外界的负面反馈，她感觉受到的攻击就像利刃，不仅刺向现在的自己，还要刺向从前那个自己。我告诉她，她或许会怀疑自己的判断，但我不会，我眼里的她就是优秀的，希望她相信自己，不要陷入内耗和低迷。果不其然，在后续找工作的过程中，她连续收获几家公司的青睐，一点点拾回自信。这种一听到批评就否定自己的人，特别容易受到外界的影响，变得患得患失。

还有一种错误模式是，一听到批评，就启动屏蔽或反驳的防御模式。

有一次，在我做咨询的一家公司的周例会上，团队领导郝经理正在对上周的项目进度进行回顾。他提到一些问题，其中包括李漫漫负责的部分出现了进度延迟的情况，并且存在一些代码质量问题。郝经理建议李漫漫在下周改进这些问题，以加快项目整体的进度，同时提高质量。

然而，李漫漫在听到这些批评后，立刻开始反驳。他坚称自己的代码质量很高，延迟的原因是其他团队成员没有按时完成任务。他说自己在过去的一些项目中表现都很好，不应该受到这样的批评。其他团队成员试图发表看法，但李漫漫不断打断他们，坚持认为自己是正确的。会议最终在一片混乱中结束，没有达成任何有效的共识。郝经理和其他团队成员都感到失望和沮丧，而李漫漫则认为自己成功地为自己进行了辩护。

这就是一听到批评就启动防御模式的表现。这种模式会带来信息的屏蔽，你可能上来就会觉得对方说的是错的：他又不了解我，凭什么这么说；我不像他说的那样，我做得挺好的。

如果你觉得上面这两种模式似曾相识，那么在下一次听到批评或建议时，请观察、记录下自己的思考和反应，识别自己是否启动了其中一种错误模式。

面对批评，我们既不能受其影响，裹足不前，也不能全然屏蔽，而要吸收两种模式的精华。这套"强大内核，持续迭代"的反馈系统，也是由大小两个圈组成的同心圆。大圈是虚线，小圈是实线。小圈代表内核，它是反复验证过的能力，也是你秉承的价值观；大圈代表接收和反馈信息的空间，允许有效建议穿透，而不是将其统统反弹出去，使自己得不到成长。

这套"强大内核，持续迭代"的反馈系统要求我们把每一次的批评都看作提升自己的机会，这样未来就有变得更好的可能。要做到这一点，我们也需要相信真诚的力量，尤其是对自己真诚的力量。只有真诚地接纳自己的缺点，才能接受别人对自己缺点的批评；只有真诚地相信自己的优势，才能面对批评不患得患失。

OS 原来我也启动了防御模式啊！我还是应该抱着开放的心态，看看上司说的是不是也有合理的一面，让自己持续迭代！

第 二 节　　　　　　建立坐标系，
　　　　　　　　　　　　打造稳定内核

OS　嗯……但是我怎么判断对方提出的批评是对是错
　　　　呢？除了对自己真诚，有没有操作性更强的方法？

　　你可能听过这样一句话："接受我不能改变的，改变我能改变的，并拥有区分这二者的智慧。"在我看来，面对批评时，也需要拥有分辨的智慧，我们要能分辨什么批评值得采纳，值得自己为此做出改变。

　　要做到这一点，我建议你在听到批评后先问自己如下两个问题。

　　第一，对方提出的批评在多大程度上是事实？

　　对方描述的情况，如果你自己也有察觉，对方只是验证了你的想法，那你应该很感谢对方能直言不讳。如果对方说的是你之前没有察觉到的问题，那你也可以提醒自己多注意自己的表现，或者是去询问其他人，是不是有跟对方类似的感觉。

第二，对方提出的批评对你来说有多重要？

很多人觉得，如果对方提出的批评符合事实，那就改正。但每个人的精力都是有限的，能力范围也不是可以无限拓展的。如果对方提出的批评是事实，改进之后自己也能变得更好，可这件事情却不是那么重要，我们也可以暂时不把它放在优先级最高的位置上。但如果这件事情非常重要，比如是一个会影响团队关系的沟通问题，那就需要即刻重视起来，并尽快改进。

我们可以使用个人能力坐标系把这个问题更具象地分析一下。个人能力坐标系的横轴是能力，越往右代表能力越强，越往左代表能力越弱，也可以把它理解为，右边是你的优势，左边是你需要改进的地方。纵轴代表这件事情的重要性。这件事情发生的频率，对下一阶段目标的重要程度，都可以作为这件事情重要性的判断标准。

比如，对我来说，沟通能力、逻辑能力，不仅对我非常重要，而且是我的优势，于是我就可以把它们放在坐标系的右上部分。这时候如果听到有人批评我说我的某个方案逻辑有问题，我不一定会相信，因为我对自己有一个基础判断，当然，也就不会出现患得患失的情况。

坐标系的左上部分可以放那些确实有不足，且对自己很重要的事情。比如对我来说是管理能力，我觉得管理能力是无上限的，如果有人针对我的管理能力提出好建议，我肯定会非常乐意接受和改进、提升。

坐标系的左下部分是虽然有不足，但在一定时间内并不急于解决的事情。比如，我的英语之前很一般，但我觉得在工作中暂时不需要，就没有去提升，把它放在了左下部分。直到我进了外企工作，需要高频率地使用英语，我才提高了它的重要性，将它放在了左上部分。

坐标系的右下部分指的是那些对目前的职业发展来说，并没有那么重要的优点或强项。比如，我小时候学过唱歌，唱得也不错，但这对我现在的工作和生活来说并不是很重要，那就可以将唱歌放在右下部分。

其实，在我看来，成年之后能受到批评的机会越来越少。除了少数会批评你的上司，大部分人不会对你耳提面命，哪怕对你有意见，他们可能也不会当着你的面说，最多只是很小心地提醒一下。因此，古人才会说"士有诤友，则身不离于令名"。毕竟你做得好或者不好跟他们也没多大关系，何必冒着得罪你的风险给你提建议呢？所以，听到身边有人给你提建议，甚至批评，你应该珍惜。

没有人是完美的，也没有人是一文不值的，当我们听到批评时，既无须立即开启防御模式，屏蔽对方的信息，也无须直接否定自己，变得患得患失。我们可以用上述的坐标系来定位自己真正需要改进的地方，形成自己的迭代系统。当然，改进之后，也别忘了拍拍自己的肩膀，表扬自己一下。

> **OS** 原来稳定的内核也是在不断练习之下才形成的，我可以先从这个坐标系入手，慢慢锻炼自己应对批评的能力！

第 三 节 "队友不给力，想带带不动"

> **OS** 这个项目做得也太费劲了，怎么项目组成员这么不给力，我作为负责人，想带都带不动。一件小事都得一步步讲清楚，这样还不如我自己做呢！真愁人，就不能让我遇见点能力强的组员吗？

前两节介绍了如何对待别人给我们提出的批评建议，这一节来介绍我们对别人产生不满，甚至提出批评时存在的误区。

一天，有个同事突然跟我说，他特别怀念当基层员工的日子，那时只管好自己就行了，现在做了管理者，常常觉得下属不怎么给力，这个也不行，那个也不会，提的要求经常达不到，还不如自己单打独斗，真的不知道要怎么帮下属提升能力。

他的感受和 OS 中讲的很像，在本质上都反映了对下属能力的不满意。我相信很多管理者，特别是新晋管理者都有类似的感受。能成为管理者的人，很多都是因业务能力突出，才被提拔带团队的。但是团队成员的能力往往参差不齐，每个人又有不同的擅长方向，达不到管理者要求的情况也并不少见。

我在早期做管理者时，也有类似的心态，当下属做的方案不够好时，我首先会解释我会怎么做，为什么这样做，以及我需要他怎么做。然而，如果对方的方案还是达不到我的预期，我也会着急并怀疑这个人的能力。但因为我从其他方面能看到他的优秀，所以我向一位管理教练询问：如何判断一个人是不是能力不行，以及是否应该考虑替换。她跟我说的话让我对这个问题有了新的思考。她跳出这个问题问我："你是不是认为你是团队里最强的人？你是不是认为你的方案就是正确答案？"

她说的话一下就点醒了我，因为我是团队的管理者，所以我想当然地认为自己就是团队里最强的那个人。抱着这样的心态，我当时的管理方式常常是：我用什么方式帮助他人、指导他人。这样对方就变成了一个始终无法交出我心目中满分答卷的弱者。

这有些像心理学上的"自证式预言"理论，这个理论说的是，如果产生了某种预期，我们就会无意识地塑造自己的行为以符合预期。这种"我最强"的潜意识，也会让我们看不见他人比自己强的地方，从而进一步验证我们比他们强的看法。

不只是新晋管理者，一些工作能力比较强的员工，甚至是有过成功经验的首席执行官（CEO），也会陷入这种"自证式预言"的陷阱。实际上，正因为有过成功经验，人才更容易觉得自己是最强的，也更容易产生路径依赖，觉得自己的判断才是正确的。但任何人都有短板，任何成功经验也都有其局限性。比如，同样是想超越竞争对手，有人会说，一定要做投放才能成功，因为他之前就是靠做投放成功的；然而，也有人会说，一定不能做投放，因为他之前不做投放省了不少钱，这才让他有资金可以投入其他项目，取得了成功。如果把这两个人放在一起，他们可能会互相看不上，他们原有的路径也不一定适用于新的环境，这就是依赖成功经验可能带来的认知盲区。

这种"我最强"的心态也很容易让人对他人的能力做出片面的判断，从而错失人才。我的一个朋友在公司的职级很高，工作能力也非常强。在一次面试中，他和候选人探讨了一个技术问题，但两个人的观点并不一致。他觉得只有自己的想法才是唯一正确的答案，对方的观点是错的。他并不想让这个候选人通过面试，但是因为其他面试官给这个候选人的评价都很高，所以这个候选人最后还是入职了。后来，事实证明，这个候选人的能力确实很强，而且很有自己的想法。如果他之前坚持自己的意见，那么这位优秀人才就不会进入他的团队。

更重要的是，这样的心态会在无形之中影响你在沟通时的姿态。如果你觉得对方有比你强的可能，那你的沟通方式可能就是启发式的；如果你觉得对方没有比你强的可能，那你的沟通方式和所做的判断就会是施压式的。比如，同样是做一个方案，如果你觉得自己是最强的，那你很容易要求对方完全按你的想法来做，有一点没有做成你想要的样子，那方案就没有做到 100 分，你觉得只有按你的想法才能做到 100 分。这样你就失去了让对方做到 105 分的可能性，也失去了打破自己框架的机会，更扼杀了创新的可能性。

直到我开始改变"我最强"的心态，发自内心地希望团队里能出现比我强的人，而不是只期待团队里的人做到我所要求的，我才越来越多地看到团队的闪光点，发现每个人都有可能在某个方面做到 105 分。就像奥美广告公司的理念一样：如果你经常雇用比你弱小的人，我们会变成侏儒公司；如果你都是雇用比你强大的人，我们会成为巨人公司。对管理者来说，如果你的团队里真的有比你强的人，你的团队才是真正强大的团队，你也才是真正的强者。

其实，无论是面对别人的批评，还是面对自己对别人的表现不满，我们都需要让"自我"小一些，让"自负"少一些，这样才能更好地处理负反馈，触发正反馈。

OS 我最强？好像我潜意识里确实觉得是这样的，不然公司为什么让我负责这个项目呢？但这样看来，我的方式也不一定是唯一正确的，我也可以放手让组员自己尝试，万一有更好的效果呢。

OS 真是不懂这个人在想什么！我的想法多好啊，他怎么就不认同呢！还是他不识货，换成另外一个人，我们早就达成一致，开始行动了。

我们都知道，在沟通时，能设身处地替对方考虑，沟通效果往往会更好，但是等到行动时，大多数人却都习惯固执己见。我在做咨询时，就遇见过类似的情况。两个部门要合作推进一个创收项目，由业务部主导，产品研发部配合。在会上，业务部的负责人叶武武先拿出一个自己特别满意的方案，没想到遭到了产品研发部负责人颜婵婵的反对。无论叶武武怎么讲这个方案的好处，似乎都没办法打动颜婵婵，双方最终不欢而散。于是，叶武武找到我，想让我评评理，他觉得自己部门拿出的方案特别完美，要是能推行，今年的营收肯定不错！

可能很多人都有过类似"我要我觉得"的心态，毕竟我们在工作中扮演的角色会决定我们对事情的想法，从自己的视角出发天经地义，不站在对方的立场思考也合情合理。但是人人都知道，如果我们能做到换位思考，就能避免一直在自己的视角里打转，这样沟通也会顺畅许多。当然，有些人可能天生同理心就比较强，在做事或者沟通时，能很自然地做到换位思考，去理解对方的想法，但有些人，比如我自己，钝感力就会比较强，那我们这种人要怎么提高换位思考的能力呢？

我试过一种比较有效的方法，就是写下来，强行列出一个清单：假如我是对方，我会怎么想。在脑海里想象对方的想法是很难的，写的方式可以帮助我们从自己的主观世界抽离，避免误以为自己的主观世界就是真相。对于那些同理心比较强的人，这个方法也很有用，哪怕再擅长换位思考，如果不把这些想法写下来，也只能想到一两条对方的想法，做不到面面俱到。

于是，我也要求叶武武先用这种方法列清单，设身处地从颜婵婵的视角出发，写下她反对这个方案的理由。隔天，我就收到了叶武武列的清单。

如果我是颜婵婵，我可能会觉得这个方案有如下几个问题。

- 收益不明确：目前这个方案的预期收益并不清晰，无法确定资源的投入产出比。

- 技术风险高：这个方案提高了技术难度，可能会带来无法按期完成的风险。

- 协同难度大：这个方案需要与销售部紧密协作，如果销售部不配合，难以取得好效果。

他才列了三个问题，就意识到："在纸上一写，我才真正理解了原来在对方的视角中，这个方案有这么多问题！"之后他在跟颜婵婵沟通时，就着重讨论了这几个问题。

叶武武：我明白我们在这个方案上存在分歧，我也觉得这个方案目前还有许多问题，想听听你的看法。

颜婵婵：我觉得这个方案非常具有创新性和前瞻性，但这样的方案往往风险也很高。

叶武武：我明白了，你是担心这个方案技术难度和目标收益不确定，对吗？

在上一轮沟通时，他并没有换位思考，因此对这个问题的回答是"要想完成这么高的目标，就得承担相应的风险"，但这一次，他能发自内心地理解对方的担忧了。

颜婵婵：是的，我担心这个方案会带来不确定性，影响我们的稳定发展。而且，实施这个方案的过程中可能需要追加更多的资源和人力，我担心一旦出问题，会影响团队其他目标的实现。

叶武武：我明白你的担忧。我们可以先制订一份详细的计划，评估一下我们现有的资源和人力，看看是否需要寻找外部支持或者进行培训。同时，我们也可以先在小范围内试点，看看效果如何，再决定是否全面推广。这样，我们就可以逐步推进，降低风险。

颜婵婵：嗯，如果这样，我觉得我们还可以尝试一下这个方案。

你看，哪怕不用什么沟通技巧，只要思维转变了，心态转变了，很多时候沟通就会变得更加简单。

OS 没想到把想法写下来还能有这样的效果，那我也换位思考，写下来试试，看看我的方案到底有没有问题！

> **OS** 最近要把一部分工作交接给另外一个同事，真的很累。我还特地写了交接文档，但他还是事事都来问我，文档里明明都写了啊，他能力怎么这么差！

不知道你有没有遇到过这样的情况？你想让对方做出改变，但无论你怎么努力，最后都没有什么效果。有个粉丝（我们可以先管他叫小肖）给我发过一封私信，就问过类似的问题。小肖是一家公司的销售组长，为了帮助组员，特别是团队新成员提高销售业绩，他编写了销售手册，里面有针对不同商品、不同类型客户的销售策略和参考话术。本来这是一件特别好的事，但是他发现，有个新同事不仅销售业绩差，看上去也没有好好研究这些销售策略和参考话术。

当然，小肖也非常有耐心，他三番五次地找这个新同事沟通，软硬兼施，但都没有效果。他先是耐心解释如果销售业绩好会有什么好处，但是这个新同事仍然没什么改变。后来，小肖又跟对方说，如果销售业绩还是没起色，那可以考虑自己是不是不适合这份工作。小肖希望这样能激励对方，但没想到这个新同事在工作中反而变得越来越畏首畏尾了。

最后他实在不知道该怎么办了，就向我求助，问我是不是应该直接劝退这个新同事。但是他又不甘心，因为当时面试这个新同事的时候他觉得对方挺有潜力，所以还想再给这个新同事一次机会，只是真的不知道应该怎么让对方做出改变，提升业绩。

其实，让一个人做出改变确实很难。面对下属，如果奖励和惩罚都没能让对方有所改变，似乎也没什么更好的方法了。

但实际上，这是被困在了"都怪你"的思维方式里。什么是"都怪你"呢？就是只看到别人对我做了什么不好的事情，而看不到自己的问题。比如，"怎么这个人交给我的报告每次都不行，每次都要我帮忙修改""他怎么连个汇报文档都写不清楚，到底想说什么，真浪费我时间"。

和"都怪你"相对应的，是"也怪我"，指的是遇到不好的情况时，会先问自己，自己是否也有责任，有什么问题是自己导致的，还能做什么来改变现在的局面。比如，是不是自己任务布置得不够清楚，需要将其拆分得更细一些。当然，如果你只是自己想，也不一定能定位真正的问题，说不定还会内耗，因此你要抱着更开放的心态去和对方沟通，去倾听对方的想法。

我向小肖详细解释了"都怪你"和"也怪我"的差别，鼓励他想想自己是否也有做得不到位的地方，想清楚了再去跟这个新同事沟通。过了一段时间，我收到了他的反馈。

果然，在这段时间里，那个新同事的表现好多了，不仅工作积极性很高，销售业绩也有了明显的提升。变化源于小肖和他的一场谈话。其实，在我跟小肖说完"都怪你"和"也怪我"的差别之后，他反思了半天，仍然没有想明白自己到底哪里出了问题，但是他还是决定跟这个新同事开诚布公地谈一次。但因为认知有了转变，所以他这次的沟通姿态和之前也不一样了。这次他既没有"威逼"，也没有"利诱"，而是问对方是不是自己有什么做得不够的地方，有没有什么自己能做的，以此来帮助他。

如此一来，对方卸下了心防。这个新同事没有想到自己的领导会主动反思，犹豫了一会儿说道，其实他刚开始试着用了销售手册里的销售策略和参考话术，但发现其中一些方法可操作性并不是很强，而且他刚来，有很多地方也不是特别熟悉，虽然很想把工作做好，但总觉得自己像无头苍蝇，不知道该往什么地方使劲儿。

这番话其实给了小肖特别大的启发。在这之前，他完全没有想过自己制定的销售策略和参考话术有问题，也从没有人跟他反馈过，可能因为其他人都对工作比较熟悉，遇见销售策略和参考话术不符合实际情况时能自己调整。但对一个新人来说，面对全新的业务和大量的知识，他确实不具备灵活调整的能力和条件。

于是，小肖先把销售策略和参考话术跟新同事逐个解释了一番，并且采纳了他的一些建议，把销售手册修改了一版。接着，小肖又建立了两个制度：一个是针对销售手册的共创制度，每个人在遇到问题时都有机会和权力对销售策略和话术进行修改；另一个是"老带新"制度，每一个新人入职后，在试用期内，团队会指定一个老员工来帮助新人快速熟悉工作、融入团队。经过这段时间的学习，这个新同事出错的频率越来越低了。

通过从"都怪你"向"也怪我"的转变，这道看似无解的难题也被顺利解决了。其实，无论是做管理，还是团队协作，"也怪我"都是比"都怪你"更有效的方式。毕竟，出现问题不可能是一方的责任，一直向对方提要求并不一定能解决问题，有时候从自己身上找原因，抱着开放的心态去倾听对方的想法，才能真正扭转局面。当我们遇到问题时，先想"我什么地方能做得更好"，这样，很多问题可能就会找到更好的解决方法。

OS 从"都怪你"到"也怪我"？这样想来，是不是交接的时候我光写个文档，对方确实不容易学会？最好还是再带着他做一遍，把容易出现的问题都提前说明。我要去找他商量商量。

本章小结

　　工作中的沟通发生在关系里，这就要求我们不仅要了解沟通的对象，也要认清自己，知道自己的缺点，知道自己可以变得更好，这样我们在沟通中才不会进退失据。

　　本章的前两节介绍的就是只有认清自己，建立稳定的内核，面对批评和表扬时才不会患得患失。

　　稳定的内核就像计算机的操作系统，只有性能高且稳定才能让计算机良好运行。而一个稳定的内核，是在工作中不断吸收外界的反馈并自我反思后形成的，不会因为一次批评或表扬就回归不稳定状态。

　　后几节介绍的则是认识到自己的问题和缺点，只有这样，我们才能不断自我迭代。

　　在沟通中，只有反思自身的短板，认识到"我最强"会带来的认知盲区，学会换位思考，我们才能找到最高效，也最令双方舒服的沟通方式。

- ✓ 能识别自己是否启动了防御模式，面对批评时不再患得患失。
- ✓ 建立个人能力坐标系，用更稳定的内核对抗内耗。
- ✓ 放下"我最强"的限制，发现身边人的闪光点。
- ✓ 学会用"写下来"的方式激发真正的换位思考。
- ✓ 变成认为"我有责任和能力去改变"的强者。

认知反思

旧认知： 哎，我能力真不行，怪不得上司总说我。

新认知：

旧认知： 上司表扬我，我就能行，上司说我，我就不行，我到底行不行啊？

新认知：

旧认知： 怪不得让我当他们的上司，我就是比他们强啊！

新认知：

升级进度

70%

第六章

主动的奖赏

升级目标：沟通心态升级

升级前

✕　做项目，不怕事情难，就怕队友不给力。

✕　在职场中多一事不如少一事。

引　言

我看过这样一个故事：一只老鼠意外掉进了一个盛得半满的米缸里，老鼠喜出望外，它环顾四周，确定没有危险之后先是一顿猛吃，然后倒头就睡。就这样，它吃了睡、睡了吃，日子一天天地过去了。这期间，虽然老鼠也曾为要不要跳出米缸做过思想斗争，但还是舍不得米缸里的舒适。直到有一天，米缸见了底，老鼠想跳也跳不出去了。

有的管理学家把老鼠能跳出米缸的高度称为"生命的高度"。一家企业或者一个员工，如果能在危险来临之前主动跨越这个高度，则有可能取得更长远的发展。这个理论同样适用于组织中的沟通，沟通中的主动、工作中的主动，虽然需要我们放弃暂时的舒适，却会给我们带来一些意料之外的奖赏。

前文中讲解的都是沟通的问题，先是从"事"的角度出发，探究对组织和目标的本质的理解怎样帮助我们解决问题；然后从"人"的角度切入，挖掘了在沟通中你看到的"他"的问题和你不一定看到的"自己"的局限。但在组织里进行沟通，其实并不全是问题，有时反而会带来很多机会。在很多情况下，如果能再主动往前一步，你可能就会得到一些"奖赏"。在这一章里，我们就一起揭开沟通的另外一面。

第 一 节　　　　不给力的队友不可怕

> **OS** 我怎么遇见这么个队友啊，这人干啥啥不行，嚷嚷第一名。没有我，这项目简直要完。算了，不管他了，我就做好我自己该做的那部分工作，至于结果怎么样，跟我没关系，只要我不承担责任就行了。

上一章我们用了大量的篇幅来讨论，为了完成共同的目标，要怎么做到理解对方、包容对方、反思自己，但有时候对方真就是不给力，工作产出跟不上、拖后腿，甚至最后影响项目进度和成绩。面对这种情况，你会怎么做？你可能会先隐忍不发，等到忍无可忍时再进行指责，如果指责无效，你可能会考虑让上司介入解决。这一系列操作下来，如果他还在与你合作的重要岗位上持续拖后腿，一些朋友就会开启最后的隔离大法。他们觉得，反正有他在，这工作也干不好，索性就别操这心了。眼不见，心不烦。

我在做顾问时就遇到过类似的情况。这家公司的运营部负责人一直以来都觉得产品部的人能力不行，一开始他会在开会时对产品部提出的方案积极反馈意见，可是看不到什么效果。后来，他因为一些紧急问题发过脾气，所以合作的人都有点怕他，私下也觉得他情绪不太稳定。慢慢地，他在和产品部开会时越来越沉默。

但作为和产品部合作非常紧密的人，他在会上一言不发，也让产品部的人遇到问题无从下手。于是，他们希望我能找运营部负责人沟通一下。我刚开口，他就说："真不是我不配合，我之前也提意见、给反馈，但是说来说去，他们都不能把该做的事做好，我就不想说了，还不如自己清净一点。你让我怎么办？难道不是应该让他们改进吗？"

我告诉他，他的说法合情合理，毕竟他自己并没有问题，不仅业务能力强，也曾积极反馈，目前看确实是对方有问题。听到这里，他的情绪缓和了一些。我接着说，但如果任由事情发展下去，项目最后的结果肯定不理想，虽然这件事情的责任并不在运营部，他也没有什么义务去帮助产品部解决他们的问题，但是当项目结果不好时，参与的人心里肯定都不好受，包括团队里的每个人。

我在跟运营部负责人说我对这件事的理解时，也分享了一段我自己的经历。我也做过运营，也遇到过类似的情况。当时我们要做一个数据库的项目，需要跟数据产品一起做，但是对接的同事不够给力，迟迟没有拿出好的方案。如果我一直在那里抱怨，也解决不了什么问题，于是，我就站在了做好这件事的立场，想了一版产品解决方案，也跟技术部同事交流和学习了很多。最后，因为我超出职责范围的付出，项目取得了一个比较理想的效果，我的能力也得到了锻炼。没过多久，在做下一个项目时，我由负责配合产品部的运营人员，变成了统筹项目的负责人。这段经历也为我后来转型做产品管理打下了基础。就像本书最开始提到的，工作不是在出卖时间，不仅仅要权责分明地做好眼前的工作，还要在这个过程中提升个人的能力价值，进而获取更大的回报和发展空间。

　　我对运营部负责人说："你之前能够给产品部提出不少意见，说明你是懂产品的，如果你有能力突破，解决运营部和产品部上一级的问题，那你就是上一层级的人才。面对现在这个情况，你不如试试看，发挥主动性，做一些超出自己职责范围的事。毕竟，主动解决问题的人，更可能获得机会和奖赏。"

他后来也听取了我的建议，不仅像以前那样积极在会上给产品部提建议，还会深入产品业务，思考了很多问题，试着提出更成熟的解决办法。过了一段时间，我也从公司高级管理者那里听到了对他的称赞，惊叹于管日常业务运营的他竟然也这么懂产品。

当然，也不是说一遇到不给力的队友，我们就要去替对方解决问题，毕竟谁也没有那么多的精力。但如果你遇到的情况符合以下两个条件，我建议你抓住机会，解决问题。

第一个条件是，对方扮演关键的工作角色，其工作内容是重要的。比如，对方工作产出不佳会给项目和业务带来比较大的影响。非关键岗位上的人不给力，通常其他岗位上的人可以协调和补位，而那些很重要，能力要求又比较高的工作角色，如果出现状况，往往会让整个团队措手不及，陷入慌乱，也才需要我们为了项目有个好结果而去尝试解决这个人的问题。

第二个条件是，你们的工作内容有交集，能力可以互补，你有不错的工作基础，能够从自身的业务领域为对方提供相应的帮助。如果对方的工作跟你没有交集，那你既帮不了对方，又替代不了这个角色，因而你在这项合作中能够改善的地方也有限。只有对他的工作内容有相当程度的了解，你对他能力的判断才有可能准确，也才有补位的可能。

当我们站在更高的维度，从推动业务目标达成的角度出发，为他人补位，给团队解决问题，看似是在帮别人填补漏洞，实际上我们也获得了主动成长的机会，同时也向大家展示了自己更大的潜能。从企业管理者的视角来看，我们的能力边界拓展了，我们解决问题的水平上升了，这就是主动带来的奖赏。

> **OS** 原来遇见不给力的队友也是主动成长的机会啊！这样看来，我也可以看看他那部分工作有没有什么我可以帮上忙的，这样可以让项目顺利完成，也能让自己学点新东西。

第 二 节　　　　　大胆说出"我想要"

OS 在这个岗位上干了四五年了，我有点想试试新的业务线，但是新的业务线挑战性强，对能力要求高，我之前又没做过，不知道上司会不会同意。而且上司也没来问我要不要去做，在他心里我是不是不适合这个岗位啊？我要是去争取了，会不会有点儿尴尬？万一我做不好怎么办呢？真纠结……

脸书（Facebook，现 Meta）的前首席运营官谢丽尔·桑德伯格在她的著作《向前一步》中说道："女性需要转变思路，不要总说'我还没准备好'，而要去想'我想做，我可以边学边做'。"

我想，她的这段话适用于我们所有人。我们总想着金子总会发光，总是期待着别人看见自己的光芒。然而，要想向前一步，需要克服巨大的心理障碍。我曾经在为自己争取更多机会时，也会先不断地做心理建设，反复思考后才敢开口向上司提议。记得有一次，公司在对外招聘一个高级岗位，我当时很想试试，也觉得自己可以胜任，但我犹豫再三，还是有所顾虑，担心上司觉得有压力，最后还是没有去争取。

后来在领英工作的时候，我的导师是总部一位很优秀的女性高管。从履历上看，她基本上两年升职一次，很年轻时就从基层管理岗一路晋升到副总裁。她给我分享了她的一次升职经历。当时，公司在对外招聘她所负责部门的更高职级岗位，公司对这个岗位的期望很高，似乎也没有考虑从内部提拔。但她认为，如果自己有意愿也有能力胜任，就应该主动争取。于是，她找到公司高层领导说："我看到公司在招聘这个岗位，我希望你能把我也列为候选人，我想和其他候选人一起参与这个岗位的面试，我很想试试看。"结果，在一轮轮的筛选中，她凭借对这个岗位工作内容的思考和对公司业务的熟悉度，顺利脱颖而出，拿到了更高职级的岗位。她告诉我，她的主动从一开始就对她和公司都有利，她争取了更好的机会，而公司拥有了更多的选择。面试结果也说明，她确实胜任这个岗位，这就是属于她的机会。

她说，其实很多人不会主动表达、主动争取更好的机会，往往还没开口就觉得有压力。有些人会想："领导在对外公开招聘这个岗位，又没有来问我，肯定是觉得我不合适。如果我跟上司争取，让他考虑我，可能也会给上司带来压力。"其实，你要相信，站在上司和公司的角度来考虑，员工自告奋勇其实也为上司提供了更多选项，而非压力，对公司来说，这是绝对的正收益。

听完她的故事，我突然就卸下了不小的心理负担。后来，公司有一个岗位考虑对外招聘。这次我没有犹豫，主动跟上司说："我想试试这个岗位。公司可以在招聘外部候选人的同时，让我先负责一部分较为紧急的项目。如果外部有更好的人选，我也会跟对方紧密配合，帮助他更快上手。"果然，在后续的具体工作中，我慢慢得到了上司的认可，进而得到了这个岗位。

我想再次强调以下三点，希望你在遇到新机会时能够想起。

第一，为自己争取机会本身就是合理的。

第二，主动举手是在为公司增加选项和收益。

第三，接受结果，不给他人和自己压力。

希望你收获越来越多"主动"的奖赏。

OS 原来我去争取机会对公司也有益啊！这是为公司提供了更多的选项，这样我就没什么心理负担啦！

"这位同学，
借我电脑一用"

> **OS** 午休出去买水果买多了，给大家分分吧！同部门的人分一些，经常打交道的财务、法务也得分点，对，还有隔壁部门的人，最近跟他们一起做项目，得处好关系，也得分一些……这……水果看来还是买少了。

　　在职场上，如果能身处一个互帮互助的工作环境中，是再理想不过的了。为了能在必要时获得别人的援助，很多人会选择积极社交，希望跟更多的人建立友好的关系。但在我职业生涯的早期，我似乎从没想过要通过社交来获取更多的资源，但有一天我突然发现，好像身边的每个人都在帮我。比如一些跨部门合作的项目，对有些部门来说并没有什么收益，甚至会增加他们的工作量，对方都可能尽量协调，来帮助我完成目标。有个同事在离职前还问我："你是怎么把隔壁部门那个难相处的负责人变成朋友的？"我知道他说的那个人有个"难相处"的名声，我也从没想过要跟他"处好关系"，但随着沟通和合作越来越多，我们还是成了好伙伴。种种迹象表明，我在公司的人缘还不错。

可是，虽然我对人比较亲和，对事却十分严格。工作中该直面的矛盾和冲突从不逃避，也不会和稀泥。因此我也在思考，这工作中满满的情谊到底是怎么来的？

我追溯到了我刚工作时发生的一件事。那时候我在新浪工作才一年。刚毕业的我在公司里完全没有什么与人交往的经验。有一天，我在会议室开会，电脑出了问题，我就跑出去想找个人借用下电脑。我刚好在会议室旁边看到一个认识的同事，这个同事性格比较内向，我和她的关系虽然说不上很亲密，但也算熟识。因为着急，我就直接奔向她，问她能不能借我用一下电脑。

她当时愣了一下，说："不行，我电脑上有很多自己的文件，不方便借给你。"当时稚嫩的我听到她的回答也愣了一下，我没预料到她会拒绝，我只是简单地认为，公司的电脑不应该就是工作用的嘛，况且我都这么着急了。但等我回过神儿后又开始反思，她拒绝得没问题，电脑虽然是工作设备，但一定有不便公开的信息，我当时确实没什么边界感，要求提得过分了。因此，这件事我也没有特别放在心上。

没想到过了几天，她突然找到我，跟我说："你现在随时可以用我的电脑了，我把文件都清理好了。"我当时非常吃惊，她不是爱社交、会说漂亮话的人，而且当时确实是我没把握好边界感，她完全不需要清理电脑里的私人文件，还专门告诉我随时都可以用她的电脑。我问她为什么。她说："因为我发现你真的很想把事情做好，是一心只想做事的人，所以我觉得我应该帮帮你。"

她的这句话让我记了很久，后来我确实也发现：当一个人真的想做好一件事的时候，身边的人、资源都会向你靠拢。这就像心理学上的吸引力法则：人的心念（思想）总是与和其一致的现实相互吸引，或者说这也是一种"心想事成"。真心想把事情做好，这样就超越了很多人。如果在这个过程中还能掌握一定的方法，那么就能赢得绝大多数人的帮助。大多数人在看到一个真心想把事情做好的人时，其实是愿意帮忙的，只不过我们有时候不太会留意到这种善意的信号。

因此，有一颗想把事情做好的心，在面对沟通问题或其他难题时，就会有更多的可能性。就像稻盛和夫在《心：稻盛和夫的一生嘱托》这本书里说的："一切始于心，终于心。"我觉得这其实是一种非常难得的信念感。我相信信念的力量，也相信主动把事情做好的信念会给我们带来长期价值。

OS 嗯……原来努力做事对提升人际关系也有帮助，想想也是，光靠分水果、瞎聊天维系关系也不行，到关键时刻，肯定还是要靠真本事来获得认可。

本章小结

这一章我们围绕"主动的奖赏"展开，在沟通中，有些事情本来不在我们的职责范围内，但如果我们跳出自己心理和能力的舒适区，主动去做，就会给自己带来奖赏。比如，不给力的队友导致的问题，我们主动去解决，危机也可以变成个人成长的转机；比如，虽然是金子总会发光，但主动说出"我想要"，说不定会有意外的惊喜；比如，比起"把自己的本分尽到就可以了"，抱着一颗想把事情做好的心，我们会发现好像周围人都会为自己提供帮助。

总之，用心做事，主动积极，就一定会看到长期的价值。

- ✓ "队友不给力"也有好的一面，成长的机会就在眼前。
- ✓ 不再羞于争取机会，主动举手既帮助了自己，也有利于团队。
- ✓ 真心想做好一件事，会吸引很多的善意和资源。

认知反思

旧认知： 做项目，不怕事情难，就怕队友不给力。

新认知：

旧认知： 在职场中多一事不如少一事。

新认知：

升级进度

85%

第七章

成长的共赢

升级目标：沟通心态升级

× 别反驳上司，上司让干什么就干什么。

× 在职场中切记，各人自扫门前雪，休管他人瓦上霜。

引　言

进入最后一章，让我们重新回到"组织里，沟通有解"这句话。从组织和公司的视角来审视沟通问题，许多沟通问题会更加容易解决。如果我们身处一个互信型组织，大家互相信任，互相理解，那么许多沟通问题可能根本不会出现。虽然互信型组织听起来虚无缥缈，但它并不是一个不可实现的梦想。我们常说的氛围好的团队，很可能就是互信型组织。其实，我们每个人都可以为建立一个互信型组织做出贡献。具体怎么做呢？这就要说到我们这一章的核心：利他，就是利己。

稻盛和夫在他的著作《活法》中提到，他曾经剃度进入佛门修行，一位寺庙长老跟他讲过这样一个故事。

某寺院年轻的修行僧问长老："听说那个世界里有地狱和天堂，地狱到底是个什么样的地方？"长老答道："确实不错，那个世界有地狱也有天堂。但两者的区别却没有人们想象的那么大。那地方从外观上看一模一样，唯有一点不同，就是住在那里的人的心。"长老说，地狱和天堂都有一只相同的大锅，锅里一样煮着美味的面条，但要吃到面条不太容易，因为夹面条的筷子足足有一米长。

地狱里的人都只想自己先吃，争先恐后用筷子夹起面条，但因为筷子太长，夹起的面条送不进自己的嘴里。于是争抢对方夹住的面条，甚至打起架来。结果面条撒了一地，谁都没吃上。美味可口的面条就在眼前，却一个个都饿得头昏眼花。这就是地狱里的情景。天堂里的情形正好相反，客观的条件相同，但结果完全不同。这里的人用自己的长筷夹起面条后送到对面人的嘴边说："请您先吃。"对面人吃到后说："谢谢您，现在应该您吃了。"接着，他把面条送到这边人的嘴里。结果天堂的人都高兴地吃上了美味的面条，个个心满意足。

住在同一个世界里的人，因为有无关爱他人之心，而分出了地狱和天堂。这就是上述故事告诉我们的道理。

稻盛和夫常常通过这样的故事，向员工们强调"利他"的必要性。在稻盛和夫看来，求利之心是人开展事业和各种活动的原动力。因此，大家都想赚钱，这种"欲望"无可厚非。但这种欲望不可停留在单纯利己的范围之内，也要考虑别人，要把单纯的私欲提升到追求公益的"大欲"的层次上。这种利他的精神最终会惠及自己，扩大自己的利益。

"利他，就是利己"，这也是我在工作和沟通中奉行的准则，在下面几节，我将从不同的角度出发，来解释这句话。

第 一 节　　　警惕"工具人"心态

———

> **OS** 好羡慕我朋友钱多活少的工作啊，我也想要这样的工作；我现在的工作常常需要学新东西，接受新挑战，虽然也能带来很大成就感，但强度大，工资也不太高，算下来真不如朋友的工作性价比高……

如果要问工作是为了什么，可能大部分人的回答都是："当然是为了拿工资啊！"那工资的多少取决于什么呢？是工作经验、过往的成绩，还是学历高低？这些都没错，却都不是决定你工资的关键因素。

如前文所述，职场人卖的不是时间，而是价值。

因此，与其说工作的核心收益是工资，不如说是不断提升的价值。但价值提升了，最后还是会导向高工资嘛！这两者有什么区别呢？我们常说心态决定姿态，不同的工作心态也会体现在不同的工作姿态上。

如果抱着多拿工资的工作心态，那人在工作中考虑的就是性价比，希望干最少的活，拿最多的钱，不会考虑自己的价值提升，但价值决定价格，如果价值没办法一直提升，工资自然不会理想。因此怀着多拿工资的心态，并不一定会带来更多的收益，只有不断提升自我价值，你才会获得更大的回报。除此之外，这种心态还有一个危害，就是自我工具化。也就是把自己当成上司和公司完成目标、获得利润的工具和手段。哲学家康德曾说，"人是目的，不是手段"，我们在工作中积极发挥主动性，是为了让自己得到成长，获得成就感。同样地，对公司和上司来说，不帮助员工提升，让员工无法发挥主动性，企业也无法走得更加长远。

打工人的北极星指标[①]，是提升能力和价值，而不是只看金钱上的收益。只不过，虽然价值决定价格，但价格仍然会围绕价值上下波动。在短期内，我们获得的金钱回报可能会低于自己的价值，也可能高于自己的价值，这就要求我们不被一时一事的变化所迷惑，而要认准北极星指标，以价值作为长期选择的衡量标准。

举个例子，我辅导过的一个学员就是抱着赚钱的心态在工作，那他是如何获得高工资的呢？最快捷的方

[①]　即现阶段最关键的指标。

式，当然是不断换工作。他给自己定了一个三年换一份工作的目标。抱着这样的心态，他每次都会选择工资更高，但成长性不一定强的工作。换着换着，他就遇到了工资涨，但能力不涨的情况，这一方面导致他工作压力很大，另一方面也让他遇到了职业瓶颈，他的能力胜任不了职级更高、工资更高的岗位了。

我一直觉得我职业发展的北极星指标是提升能力和价值，因此在做选择时，我会为了提升自我价值而暂时牺牲其他收益，比如工资。虽然在创业阶段，我的工资并不高，但在这个过程中，我的价值得到了数倍的提升，等我离开创业公司，打算加入一家跨国企业时，我根据自己的能力和价值要求了数倍于创业期收入的年薪，当时我身边的亲友都觉得我不太可能成功，但最后我确实拿到了理想的工作机会和薪资。

怎么确定自己的价值是否提升了呢？要看能否帮助团队成事。成事的过程，是最能证明自己的工作价值的。更功利点说，简历上重要的不是做了什么，而是做成了什么。我们不要总觉得，把事情做成是为了让上司成功、公司成功，这样会让我们消极地工作，最后影响的是自我价值的提升。回到我们本章的核心"利他，就是利己"，在与团队共同成事的同时，我们自己的价值也得到了提升，并为未来的职业发展创造了更大的空间。

当很多人说工作与生活要平衡的时候，我更希望大家看到工作与学习的平衡。关注自己的成长，关注长期价值。

OS 工作与学习平衡？从这个角度来看，我应该算平衡得好的人，我现在是在为自己的长期价值做投资，只是暂时性价比不高而已。

第 二 节　　"有什么我能帮助你的"

OS 上司又在倡导工作中大家互相帮助、互相补位了！我自己的工作都忙不过来呢，哪有心思想怎么帮助同事，甚至帮助上司啊？我还是先顾好我自己吧……

　　我在进入职场一年多时，就升职做了管理工作。作为一线管理者，我每年在一对一谈话时都会问对方："你在本职工作内容之外，有没有什么想尝试的事？有什么我能帮助你的？"我希望能给团队成员更多成长的机会，我也相信，一个真的在意团队成员成长的管理者，是会被感知和追随的。优秀的员工有资格选择团队和管理者，而管理者能给出的最有吸引力的承诺就是，能带人成事，能帮人成长。

　　如果团队成员每个人都能持续成长，这个团队也会不断变强，那管理者的成绩自然也会越来越好，这就是我们前面说的"利他，就是利己"。管理者为下属考虑，也会给自己带来收益。相反，如果把下属当作用完即弃的工具，那团队无论是稳定性还是成长性都不会理想。

除了团队成长，一个管理者还应该在意哪些事情呢？

我的一个朋友在一次晋升考核时就被他的上司评价为过于温和，过于照顾团队成员的想法。他像我一样，经常会问下属，你想做哪个方向或哪个项目，只要有人提出需求，他就会尽量调整分工去满足对方。但这样的做法遭到了他上司的质疑。根据团队成员偏好，而不是业务目标来分工，对公司、对组织并不一定是最优的资源分配方式。

管理者的核心任务是完成公司目标，除了关注团队成长，管理者还应该着力带领团队实现目标。若是管理者忽略了公司目标，他通常也并不能真正帮助下属成长，要知道，越成事，越能成长。

同样地，一个利他的管理者，也并不是说要在下属面前做一个毫无锋芒的老好人，而是应该把成事放在第一位。阿里巴巴集团董事会主席蔡崇信说过这样一段话："我认为做一个好领导，友善不是关键，因为如果你对人太好，就会误导他们。一个好领导的核心是，你能给他们即时的反馈，反馈不应该是季度评估或者年度评估，反馈必须得是即时的，他们必须得知道自己的行为是否有偏差或者是否全力以赴。"

因此，管理者的"利他"有一个大前提，那就是完成公司的目标，让大家一起成事。只有先满足了这个大前提，管理者才有空间去想团队成长和自己在员工心中是否足够友善。而对普通员工来说，他们也需要通过成事来提升自我价值，从而提高未来的职业发展潜能。如果二者要进行价值优先级排序，那应该是这样的。

普通员工价值序列：通过一起成事，提升自我价值；获得金钱收益。

管理者价值序列：完成目标、一起成事；团队成长、不断进步。

以上我们分别从普通员工和管理者的视角，来介绍"利他，就是利己"这一句话的含义。为了创造互信型组织及更好的沟通环境，同事之间也需要不断践行"利他，就是利己"的观念。

比如，如果其他部门找我去做培训，我是非常愿意的。有一次，市场部的负责人来找我给他们团队做一个关于产品的培训，虽然我们刚刚因业务问题争执不下，但一听到做培训，我还是非常开心地答应了，并用心做了准备。部门之间越是沟通不畅，越有可能是信息不通、基础共识不够。如果市场部的同事能更加了解产品部的工作，那双方的协作就能顺畅不少。

除此之外，不同部门的同事也会进行固定周期的一对一沟通，一般情况下就是大家互相对齐双方的业务重点，同步信息。但是每次我都会问对方："有什么是我能帮助你的？"其实我不问，对方根本想不起来，问了之后他们可能才会想起来。有一次，技术部的负责人就让我给他们部门分享一下我们部门的业务规划。我很快就安排好时间做这次分享，甚至比跟我自己的团队讲部门规划的时间还早。没过多久，等到两个部门开始具体的项目协作时，我们团队的人找到技术部的某个同事寻求支持，对方就特别理解、配合，因为他已经从我上一次的分享中知道，这个项目是今年的重点。也正因如此，我团队里的人在做跨部门沟通时就很顺畅，他们觉得上司总能帮助他们提前处理好许多问题。但实际上，我通过帮助技术部负责人，也帮助了自己的团队。这也是"利他，就是利己"的反映。

在工作中，无论是对同事、对下属，还是对上司，我们都可以多问对方"有什么是我能帮助你的"。对领导问出这句话也有好处。你可能会疑惑，这不是给自己加活儿吗？但实际上，有些事情哪怕你暂时没精力做，你只要有思考，也可以给上司一些反馈，这对上司可能也有帮助，而且在你能提供这个帮助之前，上司可能也不知道你的其他潜能，这样一来，你不仅为上司提供了价值，也给自己带来了成长的可能性。从各个角度来看，践行利他，就是长期利己。

更重要的是，当我们践行"利他，就是利己"的观念时，也是在为建立一个互信型组织添砖加瓦，慢慢地，我们就会发现自己真的身处一个互信型组织中，沟通问题不仅能更好地被解决，甚至还在慢慢减少。我们与人沟通和推进工作，也会更加顺利。

> **OS** 互信型组织？听起来就能减少内耗。那不管别人了，我自己先尝试看看，说不定时间长了，沟通问题真的会越来越少呢！

本章小结

这一章，我们主要围绕"利他，就是利己"来阐述如何建立一个互信型组织，从根本上解决沟通问题。当然，我们都知道，组织整体的转变不是只靠一个人的努力就能完成的，但我们至少能从自己做起，用实际行动影响自己的工作伙伴，为自己创造一个相对顺畅的沟通环境和相对友好的工作氛围。让改变，从自己开始。

升级后

✓　工作的意义在于投资自己。

✓　帮助他人，成就自己。

旧认知： 别反驳上司，上司让干什么就干什么。

新认知：

旧认知： 在职场中切记，各人自扫门前雪，休管他人瓦上霜。

新认知：

升级进度

100%

恭喜！你的职场剧本已升级完成，
你已获得如下工具。

口诀

"我有能力带来改变，改变自己，改变环境。"

"彰显我的价值是合理且必要的，领导的价值也需要通过我彰显的价值来体现。"

"不能让自己的工作成为时间的比赛，让工作成为价值的较量。"

"利他，就是利己。"

"北极星指标是提升能力和价值，而不是短期内金钱上的收益。"

道具

轻松召唤同事支持：

目标不统一，沟通就无解

Dynamic Five

多说"为什么"少说
"怎么做"

诉诸需求和行动

利益共享，风险控制

用写下来的方式换位思考

为汇报保驾护航：

层层贡献，点点协同

汇报的重心是为公司目标做
出的贡献

护身符

用高价值任务去置换低价值
的杂活

遇到不给力的队友也是主动
成长的机会

从"都怪你"到"也怪我"

从"我最强"到"人人都有
闪光点"

防御力

"强大内核，持续迭代"反馈系统

"墙"和"坐标系"

后　记

————

　　5年前，我加入了领英公司。领英作为全球最大的职业社交平台，对于外部的客户和用户，践行了看见和挖掘人才价值的价值观，而对内部的员工，它也真的做到了看重和发展。几年下来，我越发感受到，在一个尊重每个人、帮助员工成长的企业里工作，是很幸福的。

　　我决定把这些年在职场中"打怪升级"的心得分享成书，同时也想努力传达领英所践行的让我深深认同的价值观。我在创业阶段，也秉持着同样的发心。我知道借由书中的方法，我能够影响身边的人，改变周围的事，让自己在一个更加舒心、充满信任的环境中工作。

　　因此，与其说这是一本职场技能类的书，不如说它是一本可以让职场人快乐成长，成长之后也能更快乐的书。当身边朋友聊起工作烦恼时，虽然他们烦恼的点并不相同，却都源于外部环境一层层传导的压力。

虽然这本书讲的是工作中的沟通，但沟通是表层问题，心态是决定因素。工作中做成事当然很有价值，但和互相信任、欣赏的伙伴们一起做事，成为彼此职业旅程中的伙伴，也能让人成就感爆棚。哪怕是某一刻"不给力的队友"也可能因共同的目标和坦诚的沟通而变成最好的搭档；哪怕是言语犀利的批评，也有可能是草船借来的箭，帮你填补武器库再上战场；哪怕是普通的职场人，放在合适的位置也能成为冲锋陷阵的勇将。因此，希望阅读这本书的你，不仅能收获一些道理和方法，也能真的在工作中做出改变，去收获最好的团队和更好的自己。

写这本书并不容易，每一章从核心观点到素材组织，再到成稿、形式呈现，都经历了多次打磨，甚至推翻重来。在这个过程中，我感受到了许多托举过和正在托举着我的手。借此机会要感谢一下他们。

感谢曾经同行的良师益友们，在不同的职业阶段，给了当时那个我最宝贵的帮助。

感谢写书过程中支持我的伙伴，在写作中给了我最真实的反馈，她们一开始也和很多人一样，觉得工作中哪有我看到的那些美好，可我好像已经看到她们在工作中越发通透。

感谢我自己，一路升级打怪，用"主动"收获了工作中最美好的一切：能力、回报、伙伴。因为看到过高处的风景，所以才想把它分享给你。

最后，也要感谢正在阅读这本书的你，耐心阅读我的分享。

有一句话我很喜欢：无须等待领导者，你就能行动，从对待身边的人开始。我也还记得熊培云在《这个社会会好吗》中写的一段话："对一个社会来说，悲观是一个圈套——我们每个人都是社会环境的一部分，你多一份悲观，这个社会就多一份悲观。从这个角度上讲，心怀希望也是一种责任。"

我也正是抱着这样的希望，写下了这本书。我希望它是一本能帮助普通职场人的升级之书，也是一本能触动企业家和管理者们愿意付出努力与团队共同营造互信型组织的书。祝你们拥有前行路上的好伙伴，舒适、有梦想地工作；愿未来出现更多有先进价值观的世界一流企业。

后记